日本企業の
アジア・バリューチェーン戦略

Asian Value Chain Strategy of Japanese Enterprises

鈴木洋太郎 編
suzuki yotaro

新評論

はじめに

　近年、日本企業のアジア進出が様々な業種で行われており、大企業だけでなく中小企業においてもアジア進出が増大してきている。こうした海外進出を行う際には、アジアの国・地域の立地環境上の魅力とリスクを把握しながら、どの国・どの地域にどのような事業活動をどのように立地展開するのかといった、海外進出成功のストーリーを構想することが重要である。

　アジア進出で成功されている関西の中小企業であるA社、B社のケースを見てみよう。

　A社は、各種プラント等の設備制作・工事を行っており、2010年にベトナムに現地法人を設立した。日本的な管理方式（品質管理・安全管理・工程管理）により、現地の顧客企業の信頼を得て、成功している。ベトナムからの研修生（技能実習生）を2003年から受け入れており、元研修生を現地法人の中核リーダーにして現地職人集団を形成している。ベトナム人は勤勉であるが、日本人とは感覚が異なるため、日本的な管理方式を熟知してもらうのは容易ではない。日本的な管理方式を理解した元研修生をうまく活用したことがA社の成功の要因と言える。

　A社はアジア進出を検討した際、タイも候補地と考えたが、タイにはすでに同業者が進出していることもあり、またベトナムから研修生を受け入れてきたこともあり、思い切ってベトナムに進出することを決めた。ベトナムは、裾野産業が未成熟であり、現地での部品・部材の調達の面では不利であるものの、プラントなどの設備制作・工事の需要があるという点では逆にチャンスであると判断された。

B社はフォークリフトの販売・メンテナンスを行っており、2007年にタイに現地法人を設立した。当時、現地にはなかった販売会社がメンテナンスも行うといった日本式サービスによって、市場を開拓するのに成功した。日本では新車の販売が中心であるが、タイでは中古車にウェートを置くことによって確実に利益を出している。事実、2012年にはタイの南部に支店も設置している。

　B社がタイに進出したきっかけとしては、タイのフォークリフトの販売会社が日本のB社に中古車を何度か買い付けに来て、メンテナンスがよく、故障が起きにくいと評価されたことにある。その後、B社の社長がタイを視察してみたところ、フォークリフトのメンテナンスは工場の現地人の工員が自分たちで行っており、メンテナンスが非常に不十分であることが判明した。そのため、市場開拓するチャンスが大きいと判断して、タイへの進出を決めた。タイは日系企業の集積が大きく、日系企業向けのビジネスを行ううえではタイが最適地であるとのことだった。

　以上に挙げたA社、B社のケースから、業種や事業内容などによって、アジア進出で成功するための戦略ストーリーには様々なパターンがあり得ることが分かる。だが、海外進出成功のストーリー構築には、以下のような三つのポイントが欠かせないであろう。

　第1のポイントは、「市場開拓の場所としてのアジア」である。日本企業立地先としてのアジア地域は、その経済成長に伴って、コスト削減の場所というよりも市場開拓の場所になってきている。アジア地域は賃金上昇のリスクがあり、このリスク軽減のためにも現地の市場開拓が重要と言える。ただし、市場開拓の場所としてのアジアを考えるうえで、「市場」の意味を明確にすることが必要となる。

　日系アジア現地法人の方々から、現地の所得水準が3,000ドルに達すると、消費市場が爆発的に拡大していくと聞くことが多い。この場合の市場はBtoC型（ビジネスからコンシューマーへ）の市場である。実際、タイや中国などに続いてインドネシアも3,000ドルの所得水準を超えるなど、アジアの新興国の多くがBtoC型市場拡大のための水準に到達ないし到達しつつある。その一方で、アジアにおいては部品・部材・設備などの中間財の取引も拡大してきてお

り、BtoB型（ビジネスからビジネスへ）の市場も重要となっている。つまり、アジアの市場開拓は「BtoC型市場」と「BtoB型市場」の両方を視野に入れて検討すべきとなる。

　第2のポイントは、「アジアにおけるバリューチェーンの現地化」である。本書では、企業内および企業間におけるバリュー（価値）を生み出す「事業活動のつながり」をバリューチェーンと定義しており、原材料の調達や製品の出荷といったサプライチェーン（供給網）を中心にとらえつつも、物流面以外の様々な取引関係も考慮に入れている。

　日系アジア現地法人の現地調達や現地販売が拡大してきており、特に現地の地場企業との取引が拡大してきたことが注目される。こうした現象は、「バリューチェーンの現地化」と呼ぶことができよう。

　バリューチェーンの現地化は、原材料の現地調達や製品の現地販売といったモノの現地化だけでなく、地場企業との取引拡大のための現地人材の活用といったヒトの現地化も意味する。日本企業がアジアでの市場開拓（BtoC型市場開拓およびBtoB型市場開拓）を成功させるうえで、バリューチェーンの現地化に対応したアジア進出戦略立案が不可欠になってきている。

　第3のポイントは、「現地化する日本企業のDNA」である。現地での取引が中心になり、現地人材が事業活動を担うようになっても、日系現地法人は日本企業としてのアイデンティティをもっているのだろうか。言い換えれば、現地化する日本企業のDNAとはいったい何であろうか。

　こうした日本企業のDNAは、信頼関係づくりの精神であると考えられる。なぜなら、アジアの市場開拓に成功している日系現地法人は、A社やB社のように日本的な品質管理・工程管理・安全管理や安心のメンテナンスなどで顧客や取引相手の信頼を得て成功しているケースが目立つからである。

　韓国企業などアジア企業との競争が激しいなか、日本企業としてのバリュー（価値）を顧客や取引相手にしっかり伝える必要がある。過剰品質への批判などにより日本企業は自信を失いつつあるが、日本式の安心・安全・信頼のバリューはやはり重要であろう。

　以上の三つのポイントを踏まえながら、繊維・アパレル、電機、自動車、事

業所サービス、外食、銀行といった産業別の分析に、中国、タイ、ベトナム、インドネシアなど市場別（地域別）の視点を絡め、日本企業のアジア立地展開の特徴と論理を明らかにすることが本書の検討課題である。

　本書の執筆者は、国際産業立地論の観点から日本企業のアジア進出を研究している研究者である。国際産業立地論は、地理や場所の特性から、企業の海外進出や国際分業進展など国際ビジネスに関する諸問題を考察する研究分野である。

　私たちは、2012年度から3年間にわたって一般財団法人アジア太平洋研究所の研究プロジェクトとして、アジア地域の発展と並立しうる日本企業の真のグローバル化の道を探ることを目的とした研究に取り組んできた。その研究成果が本書である。

　日本企業立地先のアジアの立地環境と日本企業のアジアへの立地展開について考察した、本書での論考が、アジア進出に関心のある企業関係者や行政関係者など多くの方々の参考になれば幸いである。

　本研究は、アジア太平洋研究所のサポートのもとで実施することができた。研究所の関係者の方々に感謝したい。特に、研究統括の林敏彦先生には貴重なアドバイスを何度も頂戴した。また、インタビュー調査に協力していただいた企業関係者の方々にも大変お世話になった。深く感謝したい。最後になったが、本書の出版を快く引き受けていただいた株式会社新評論の武市一幸氏に謝意を表したい。

2015年1月

　　　　　　　　　　　　　　一般財団法人アジア太平洋研究所 主席研究員
　　　　　　　　　　　　　　鈴木洋太郎（大阪市立大学商学部教授）

も く じ

はじめに（鈴木洋太郎）i

第1章 日本企業のアジア市場志向立地とバリューチェーン構築——その実態と理論的理解——（鈴木洋太郎）3

1 日本企業立地先としてのアジア 3

2 日本企業のアジア市場志向立地 4
（1）コスト削減の場所から市場開拓の場所へ 4
（2）「市場」の意味 7
（3）販売・マーケティング（営業）現地法人の立地展開 9
（4）日系アジア現地法人の現地販売の拡大 10
（5）日系アジア現地法人の現地調達の拡大 10

3 多国籍企業論の整理・検討
　　　——日本企業のアジア立地展開に関連して 11
（1）製品のライフサイクルに伴う立地展開 11
　　ヴァーノンの多国籍企業論——プロダクトサイクル論 11
　　プロダクトサイクル論の応用 12
（2）労働集約的生産工程の立地展開 13
　　ヘライナーの多国籍企業論——企業内国際分業論 13
　　企業内国際分業論の応用 14
（3）海外市場獲得のための立地展開 15
　　ハイマーの多国籍企業論——直接投資の相互浸透論 15
　　直接投資の相互浸透論の応用 16
（4）バリューチェーンのグローバルな分散による立地展開 17
　　ポーターの多国籍企業論——グローバル競争戦略論 17
　　グローバル競争戦略論の応用 18

　コラム1 ▶日本企業の立地先としてのアジア——その魅力とリスク 19

| 4 | 日本企業のアジアにおけるバリューチェーン構築　20
　　（1）広い意味でのサプライチェーンとしてのバリューチェーン　20
　　（2）アジアにおけるバリューチェーンの現地化　22
　　（3）バリューチェーンの現地化の具体例　22
　　（4）安心・安全・信頼のバリュー　25

第2章　日本の繊維・アパレル企業のアジアでの立地展開とバリューチェーンの形成 （佐藤彰彦）　29

| 1 | 繊維・アパレル産業のバリューチェーン　29

| 2 | 日本の繊維・アパレル企業のアジア立地の特徴と変化　31
　　（1）海外現地法人データから見た日本企業のアジア立地　31
　　（2）繊維・衣服製造業におけるアジアの位置づけ　32
　　（3）日本の繊維・アパレル企業の中国立地の変化　33

| 3 | 日本の繊維・アパレル企業の東南アジア立地の特徴と変化　35
　　（1）海外現地法人データから見た日本の繊維・アパレル企業の東南アジア立地の特徴　35
　　（2）日本の繊維・アパレル企業の東南アジア立地の過去10年間の変化　36
　　（3）日本の繊維・アパレル企業の東南アジアにおける立地行動　38
　　　　日本の繊維・アパレル企業による東南アジアでのバリューチェーンの形成　38
　　　　日本の繊維・アパレル企業の東南アジアにおける立地行動　41

| 4 | 日本の繊維・アパレル企業の東南アジアにおけるバリューチェーンとDNA　42
　　（1）対象企業の進出年、立地場所、進出形態　42
　　（2）東南アジア拠点における各社の調達、販売先　44
　　（3）日本企業のバリューチェーンとDNA　46

| 5 | 繊維・アパレル産業から見た日本企業の東南アジア諸国におけるバリューチェーン　48

第3章　電機産業のアジア立地とバリューチェーンのダイナミズム （桜井靖久）　53

| 1 | 日本の電機産業の退潮傾向　53

| 2 | 電機産業における日本企業のバリューチェーン　55

| 3 | 電機産業における日本企業のアジア立地の現状　58
　　（1）電機産業のアジアにおける現地法人の分布と推移　58
　　（2）アジアの非製造現地法人の分布と推移　58
　　（3）アジアにおけるバリューチェーンによる価値の創造　62

| 4 | ASEANにおける電機製品市場の実態　63
　　（1）マーケットとしてのASEAN　63
　　（2）ASEANの電機製品小売市場の実態　64
　　　　①シンガポール　64
　　　　②タイ　65
　　　　③ベトナム　66
　　　　④インドネシアにおける電機製品の小売の実態　67

| 5 | 日本の電機メーカーのASEANにおける戦略
　　　──販売・マーケティング現地法人の役割　67
　　（1）パナソニックのケース　68
　　（2）ダイキンのケース　69

| 6 | バリューチェーンのダイナミズムと信頼による価値創造　71

第4章 中国の自動車産業クラスターにおける日系企業のバリューチェーン（藤川昇悟） 73

1. 日系メーカーのグローバル化とバリューチェーン　73

2. 日系企業の中国への進出動向　76

3. 長春市の自動車産業クラスターにおける日系企業　80

4. 困難な「日本的」なサプライヤーシステムの適用　86
   - （1）自動車メーカーとの関係　87
     - 部品受注における課題　87
     - 操業上の課題①──新しい納入価格の引き下げ要求　89
     - 操業上の課題②──激しい発注量の変動　90
   - （2）民族系サプライヤーとの関係　91

5. 「日本的」なサプライヤーシステムを適用できない理由　93

第5章 日本企業のアジア大都市への立地展開とサービス化
──集積から生まれるもう一つの「現地市場」──（鍬塚賢太郎） 97

1. 日本企業のアジア立地展開と潮流の変化　97

2. 非製造現地法人の立地展開と「サービス化」　98

3. 日本企業の集積から生まれるもう一つの「現地市場」　101
   - （1）「ローカルな現地市場」と「現地の日本市場」　101
   - （2）日本企業の集積と「BtoB型市場」　103
   - （3）「BtoB型市場」の拡大と「BtoC型市場」　106

4 バンコクにおける日本企業の集積と「現地の日本市場」　109

5 オフショアサービス拠点としてのバンコク　116

6 求められるバリューチェーンの転換　118

第6章　外食チェーンのアジア立地展開とバリューチェーン（川端基夫）　123

1 急増する日本外食の海外進出とそれへの視角　123
　コラム2 ▶日系外食企業の海外進出史　126

2 オペレーション・システムの構築とは　127
　（1）食材調達・加工・配送システム　127
　（2）店舗開発システム　128
　（3）人材育成システム　128

3 オペレーション・システム構築と進出形態　129

4 オペレーション・システム構築の支援者　132

5 外食国際化におけるSI　133
　（1）食材調達システム構築をサポートするSI　134
　（2）店舗開発システム構築をサポートするSI　135
　（3）人材育成システムの構築をサポートするSI　139

6 食材調達システム（サプライチェーン）構築にみる日系SIの役割　140
　（1）日系食品メーカーの役割　140
　（2）日系食品加工業者の役割　143

7　外食の海外進出におけるバリューチェーンとは　146
　　　　（1）海外市場を捉える新たな視点　146
　　　　（2）「誠実さの連鎖（honest chain）」を目指す　147

第7章　日系銀行業の中国立地展開とバリューチェーン（鈴木洋太郎）　151

　　1　日本企業の中国への事業展開をサポートする日系銀行業　151

　　2　邦銀の中国立地展開の歴史的変遷　152
　　　　（1）邦銀の中国立地展開の始動期　154
　　　　（2）邦銀の中国立地展開の拡張期　154
　　　　（3）邦銀の中国立地展開の発展期　154
　　　　（4）邦銀の中国立地展開の転換期　155
　　　　（5）邦銀の中国立地展開の再編期　155
　　　　（6）邦銀の中国立地展開の再発展期　156

　　3　上海市における邦銀の立地展開　156
　　　　（1）邦銀の上海市への立地展開の特徴　156
　　　　（2）浦西地域と浦東新区の立地環境　160

　　4　邦銀の中国立地展開の論理　162

　　　コラム3　▶日本企業の中国立地展開
　　　　　　　　──沿海部地域と内陸部地域の立地環境を比較して　163

おわりに（鈴木洋太郎）　167
執筆者紹介　172

『日本企業のアジア・バリューチェーン戦略』

第1章
日本企業のアジア市場志向立地とバリューチェーン構築
——その実態と理論的理解——

1 日本企業立地先としてのアジア

　アジアには経済発展段階の異なった多様な国・地域が存在するが、日本を追いかけて工業化を推進してきた韓国・台湾・香港・シンガポールは「アジアNIES（新興工業経済地域）」と呼ばれている。また、アジアNIESをさらに追いかけて工業化を進めてきた東南アジアの主要4か国（タイ・マレーシア・インドネシア・フィリピン）は「ASEAN 4（アセアン4）」と呼ばれている。

　日本・アジアの産業発展パターンは、1980年代ごろまでは、雁が並んで空を飛ぶように発展する「雁行形態型」と言われていた。雁行形態型発展パターンが成り立つためには、産業発展の先発国が継起的に新たな主力産業を生成していき、古いタイプの産業を後発国へと移転する必要がある。後発国では先発国から波及してきた産業の発展が行われる一方で、先発国ではより高次の産業発展が行われ、その結果、先発国と後発国の産業構造が相互に高度化していくことになる[1]。

　だが、1990年代以降にこうした雁行形態は崩れ、主力産業間のぶつかり合いが目立ってきた。市場経済の外側にいた社会主義国の中国がASEAN 4を追い越す勢いでアジア経済の主要プレーヤーになってきたわけだが、中国とASEAN 4の間ではほとんどの産業分野で競合している。また、日本とアジア

NIESなどの間においても競合する産業分野が広がってきた。

　日本企業のアジア立地展開パターンについても時代とともに変化が見られる。日本企業のアジア立地展開は、1980年代前半まではアジアNIES向けが中心だったが、1980年代後半以降はASEAN4や中国といったアジアの新興国向けが増大してきた。2000年代以降は特に中国向けが顕著になってきたが、近年は、中国における賃金高騰や反日リスクのため、日本企業の立地先として中国よりもASEAN4やベトナムが選好される傾向が強まってきている[2]。

　日本企業にとって、アジアのどの国・どの地域が最適地であるのだろうか。その答えは、企業の事業活動の種類や経営戦略上の方針によっても大きく左右されると考えられる。ハイリスク・ハイリターンを追求するのならば、今こそ中国立地を進めることが適切という判断もあり得るだろう。日本企業立地先のアジアの魅力とリスクを踏まえながら、どのような事業活動をどのような国・地域にどのように立地展開していくべきかを見極める必要がある。

　本書の第2章〜第7章では、日本企業のアジア立地展開について産業別や国・地域別に詳しく考察を行うが、本章では、日本企業立地先であるアジアの立地環境を概観しながら、市場志向を強める日本企業のアジア立地展開の全体的な特徴や論理を明らかにする[3]。

2　日本企業のアジア市場志向立地

（1）コスト削減の場所から市場開拓の場所へ

　図表1−1は、アジア諸国の一人当たりGDP（国内総生産）を示している。

　日本の一人当たりGDPを「100」とすると、1991年においては、アジアNIESである韓国、香港、シンガポールの一人当たりGDPはそれぞれ「25.2」、「52.6」、「50.6」であった。また、ASEAN4であるタイ、マレーシア、インドネシア、フィリピンの一人当たりGDPはそれぞれ「6.1」、「9.8」、「2.6」、「2.8」であった。ちなみに、中国の一人当たりGDPは「1.3」であり、当時は

図表1−1　アジア諸国の一人当たりGDP

単位：ドル

	1991年	2001年	2012年
日　　本	28,824 （100.0）	33,043 （100.0）	46,838 （100.0）
韓　　国	7,276 （ 25.2）	10,919 （ 33.0）	23,052 （ 49.2）
香　　港	15,167 （ 52.6）	24,395 （ 73.8）	36,827 （ 78.6）
シンガポール	14,578 （ 50.6）	22,030 （ 66.7）	52,141 （111.3）
中　　国	372 （ 1.3）	1,049 （ 3.2）	6,070 （ 13.0）
タ　　イ	1,751 （ 6.1）	1,879 （ 5.7）	5,775 （ 12.3）
マレーシア	2,838 （ 9.8）	4,028 （ 12.2）	10,422 （ 22.3）
インドネシア	748 （ 2.6）	742 （ 2.2）	3,557 （ 7.6）
フィリピン	797 （ 2.8）	966 （ 2.9）	2,587 （ 5.5）
ベトナム	112 （ 0.4）	410 （ 1.2）	1,716 （ 3.7）

出所：日本貿易振興機構・アジア経済研究所「アジア動向データベース」より作成。

ASEAN4よりも低い水準であったことが分かる。

　こうした一人当たりGDPの数値は、2001年には、韓国、香港、シンガポールにおいてはそれぞれ「33.0」、「73.8」、「66.7」へと上昇した。だが、タイ、マレーシア、インドネシア、フィリピンはそれぞれ「5.7」、「12.2」、「2.2」、

⑴　雁行形態的発展パターンの考え方は、元々は欧米諸国を追いかけて経済発展した日本の経験から、後発国が先発国の産業を取り入れながら発展する際の産業発展パターンを論じたものである（赤松［1956］・［1965］）。その後、アジアにおける産業発展パターンを説明するために使われるようになったが、この場合は、日本は後発国ではなく先発国の役回りとなる。筆者自身も、雁行形態論の観点からアジア太平洋地域における産業発展と日本企業の海外立地展開との関連について検討を行った（鈴木・矢田［1988］）。そこでは、アジア太平洋地域（アメリカ、日本、アジアNIES、ASEAN）における産業構造の相互高度化とともに、産業構造の同質化・ぶつかり合いの問題にも言及した。
⑵　鈴木編［2014］7〜9ページを参照のこと。
⑶　日本企業のアジア進出は、経済学や経営学における様々な分野において研究が行われている。例えば、近年における研究としては、深尾・日本経済研究センター編［2008］、新宅・天野編［2009］、池部［2013］などが独自の考察をしており注目される。ただし、本書のような国際産業立地論の観点からの考察は不足していると考えられる。国際産業立地論の考え方については、鈴木［1994］・［1999］や川端［2000］、鈴木・桜井・佐藤［2005］などを参照のこと。

「2.9」であり、マレーシアを除くと数値にあまり変化が見られない。また、中国の数値は「3.2」であり、ASEAN 4 の水準に達したものの、まだ低い水準と言える。

　2012年においては、タイ、マレーシア、インドネシア、フィリピンの数値はそれぞれ「12.3」、「22.3」、「7.6」、「5.5」となり、明らかに上昇している。また、中国の数値も「13.0」へと大きく上昇している。なお、韓国、香港、シンガポールの数値はそれぞれ「49.2」、「78.6」、「111.3」となっており、シンガポールは日本を超える水準に達している。

　アジア諸国の一人当たり GDP の上昇は、市場としての重要性を増すことを意味しており、2000年代以降、アジア NIES だけでなく、ASEAN 4 や中国の市場が重要になってきていることが確認できる。ビジネスの現場では、一人当たり GDP が3,000ドルを超えると現地の消費が急拡大し、モータリゼーションも生じると考えられている。実際、ASEAN 4 では、マレーシアやタイに続いてインドネシアが3,000ドルの水準を超え、自動車（四輪）の販売が急増してきた。ベトナムは、一人当たり GDP が2012年で2,000ドル未満と、ASEAN 4 や中国よりもまだ低いものの上昇傾向が見られ、今後の市場として大いに期待される。

　日本企業立地先としてのアジアの魅力としては、第一に、日本に比べた低賃金労働力を活用できるといったコスト削減の場所としての魅力があり、第二に、成熟化した日本に比べた市場の成長性が期待できるといった市場開拓の場所としての魅力がある。

　ただし、アジア諸国の一人当たり GDP の上昇により、アジア NIES はコスト削減の場所としての魅力をほとんど失った。中国や ASEAN 4 も、コスト削減の場所としての魅力は急速に低下しつつある。もしも、日本企業がもっぱらコスト削減の場所として中国や ASEAN 4 に立地するならば、継起的な賃金上昇は現地での持続的な事業活動を阻害するリスクとなる。だが、一人当たり GDP の上昇は、賃金上昇だけでなく所得水準の上昇となり、市場開拓の場所としての魅力は高まる。したがって、日本企業にとってアジアで市場開拓を進めることは、賃金上昇のリスクを緩和する効果もあり得る。

インドネシアではモータリゼーションが進展しているが、交通渋滞も生じている

(2)「市場」の意味

　市場開拓の場所としてのアジアを考えるうえで、消費者向けのBtoC型市場と企業向けのBtoB型市場を区別するなど、「市場」の意味を十分に検討する必要がある。アジア諸国では、一人当たりGDPの上昇に伴ってBtoC型市場が急拡大する一方で、部品・部材・設備などのBtoB型市場も拡大してきている。

　アジアの市場開拓、特にBtoC型の市場開拓のためには、気候や民族・人口、宗教、政策、所得などを反映した「ローカルな市場の脈絡」を読み解くことが重要である（川端［2005］・［2006］）。また、現地の市場の特性に合わせて、製品や事業活動内容を変更することが必要な場合もある。言い換えれば、現地適応化が必要となる[4]。

---

[4] 現地適応化については、標準化と適応化を対立軸として国際マーケティング論の分野で早くから議論されている（川端［2005］7〜8ページ）。

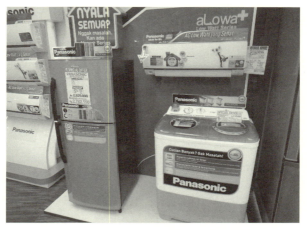
インドネシアでは一般家庭での電力使用が制限されており、低馬力で小型の家電製品が販売の中心になっている

　例えば、インドネシアの家電市場においては、現地政府の政策によって多くの一般家庭の電力使用量が極端に制限されているため、低馬力（2分の1馬力など）のエアコンのような電力をあまり使用しない特殊なタイプの家電製品が販売されている。もちろん、常夏のためエアコンには暖房機能は付いていない。また、冷蔵庫も、電力使用量の制限のために1ドアの小型タイプが多いが、大型のペットボトルが入りやすいように庫内が設計されている。なぜなら、現地の一般家庭では肉や野菜などの食材は毎日使う分だけを買うので、冷蔵庫は食材の保存のためではなく、もっぱら飲み物を冷やすために利用されているからである。
　一方、ベトナムの家電市場においては、インドネシアに比べて大型で高価格帯の製品が販売の中心となっている。洗濯機もインドネシアでは小型の2槽式タイプが多いが、ベトナムでは大型の全自動タイプがほとんどである。その理由としては、インドネシアでは、一人当たりGDPが3,000ドルの水準を超え、一般家庭での家電製品の普及が急速に進みつつあるが、まだ一人当たりGDPが低いベトナムでは、家電製品の普及は富裕層に限定されているからである。

ベトナムでも今後、家電製品が一般家庭へと普及していくと予想されるが、インドネシアのような電力使用量制限といった政策が行われていないので、インドネシアとは異なった家電市場の形成が進んでいくと考えられる[5]。

（3）販売・マーケティング（営業）現地法人の立地展開

前述したように、日本企業立地先としてのアジアは、コスト削減の場所よりも市場開拓の場所としての重要性が高まってきている。日本企業がアジアの市場開拓を重視してきたことは、販売・マーケティング（営業）現地法人のアジア立地展開の増大から読み取れる。

製造企業（メーカー）の販売・マーケティング現地法人や商社の営業現地法人は卸売業に分類されるが、2012年の日本企業のアジア現地法人数（15,582社）のうち卸売業は4,198社であり、まだ産業全体の26.9％でしかない。一方、製造業（製造現地法人）は7,544社であり、48.4％を占めている[6]。

日本企業の主なアジア諸国での現地法人数について、卸売業の産業全体に占める割合を見ると、1991年では、アジアNIESの香港、シンガポールではそれぞれ38.8％、34.0％であるのに対して、中国は僅か2.2％であり、ASEAN4のタイ、マレーシア、インドネシア、フィリピンもそれぞれ18.0％、14.1％、5.6％、12.6％と低い値であった。

2001年になると、香港、シンガポールでは49.9％、43.4％へとさらに高くなり、中国、タイ、マレーシア、インドネシア、フィリピンも、11.4％、19.9％、19.2％、7.4％、13.3％へと上昇した。そして、2012年になると、香港、シンガポールは52.6％、44.6％となり、中国、タイ、マレーシア、インドネシア、フィリピンは、21.0％、24.1％、23.0％、16.2％、16.4％へと上昇している。

---

[5] インドネシアおよびベトナムの家電市場についての論述は、2013年9月21日～24日および10月27日～29日に実施した現地調査に基づいている。
[6] 日本企業の海外現地法人数の資料は、東洋経済新報社『海外進出企業総覧』を使用している。アンケート調査のため、海外進出企業のすべてはカバーしていない。なお、企業の海外拠点は、海外現地法人（海外子会社）の形態をとることが多いが、このほかに海外支店や海外駐在員事務所の形態もある。

以上のことから、2000年代以降、アジア NIES だけでなく、ASEAN 4 や中国においても現地市場開拓のための販売・マーケティング（営業）現地法人の立地展開が進んできていることが分かる。

（4）日系アジア現地法人の現地販売の拡大

日本企業のアジア現地法人（製造業）の現地販売の拡大からも、日本企業がアジアの市場開拓を重視してきていることが分かる。

2001年度の日系アジア現地法人の売上高（20兆2,676億円）のうち、現地販売は9兆7,166億円（47.9％）、日本への輸出は4兆9,803億円（24.6％）、第三国への輸出は5兆5,707億円（27.5％）であったが、2011年度では、日系アジア現地法人の売上高（48兆2,470億円）のうち、現地販売は29兆4,039億円（60.9％）、日本への輸出は8兆7,358億円（18.1％）、第三国への輸出は10兆1,073億円（20.9％）となっている。2001年度から2011年度にかけて、日系アジア現地法人の現地販売が顕著に拡大していることが分かる[7]。

日本企業の中国の現地法人と ASEAN 4 の現地法人の売上高内訳データを見てみると、日系中国現地法人の現地販売の割合は、2001年度の53.1％から2011年度の67.7％へと大幅に上昇している。また、日系 ASEAN 4 現地法人の現地販売の割合も、2001年度の40.6％から2011年度の56.6％へと大幅に上昇している。日系アジア現地法人全体だけでなく、日系中国現地法人や日系 ASEAN 4 現地法人においても現地販売の拡大が確認できる。

（5）日系アジア現地法人の現地調達の拡大

日系アジア現地法人は、現地販売を拡大するとともに現地調達も拡大している。2001年度の日系アジア現地法人の仕入高（14兆3,847億円）のうち、現地調達は6兆3,141億円（43.9％）、日本からの輸入は5兆1,991億円（36.1％）、第三国から輸入は2兆8,715（20.0％）であったが、2011年度では、日系アジア現地法人の仕入高（32兆9,827億円）のうち、現地調達は19兆8,809億円（60.3

%）、日本からの輸入は 8 兆8,804億円（26.9％）、第三国から輸入は 4 兆2,214億円（12.8％）となっており、2001年度から2011年度にかけて、現地調達も顕著に拡大していることが分かる。なお、日系中国現地法人と日系 ASEAN 4 現地法人の現地調達の割合も、それぞれ2001年度の45.8％、45.3％から、2011年度の65.3％、60.8％へと大幅に上昇している。

現地調達の拡大は、部品・部材・設備など中間財の取引を増加させ、現地においてBtoB型市場が拡大していくことを意味する。また、こうしたBtoB型市場の拡大は、部品などを生産する日系中小企業のアジア立地展開を促進すると考えられる。

3 多国籍企業論の整理・検討——日本企業のアジア立地展開に関連して

事業活動を国内だけでなく海外にも展開している企業は「多国籍企業」と呼ばれるが、本書で取り扱っているアジアへ事業活動を展開する日本企業は「日系多国籍企業」と言える。以下では、多国籍企業論を整理・検討しながら、日本企業のアジア立地展開の基本的な論理を考えてみる[8]。

（1）製品のライフサイクルに伴う立地展開

ヴァーノンの多国籍企業論——プロダクトサイクル論

ヴァーノン（Vernon［1966］）は、製品のライフサイクルに伴って、米系多国籍企業が企業本国のアメリカから他の先進国へ、さらには発展途上国へと、その製造活動を立地展開していくことを論じている。ヴァーノンの多国籍企業

---

(7) 日系アジア現地法人の売上高内訳および仕入高内訳の資料は、経済産業省「海外事業活動基本調査」を使用している。アンケート調査のため、日系アジア現地法人の売上高や仕入高のすべてはカバーしていない。
(8) 多国籍企業論の整理・検討については、すでに鈴木［1994］などで述べているが、ここでは日本企業のアジア立地展開との関連から再検討している。

論は「プロダクトサイクル論」と呼ばれている。なお、製品のライフサイクルとは、人の生涯のように製品にも誕生、成長、成熟といった段階があるという考え方である。

ヴァーノンは、元々ニューヨーク大都市圏の工業立地を研究していた（Hoover and Vernon［1959］；Vernon［1960］）が、ニューヨーク大都市圏を核心部、内環部、外環部の三つの地帯に分けるとともに、どのような立地要因が特に重要であるかによって、製造活動を労働指向型や外部経済型などに分類しながら検討を行った。

ヴァーノンによれば、ニューヨーク大都市圏では、外部経済型の製造活動、特に関連する企業群との対面接触が不可欠な「コミュニケーション指向型」の製造活動が産業集積の進んだ核心部に立地し続けるが、労働指向型などの製造活動は低開発の周辺地域（内環部や外環部）へと移転していくこととなっている。

製品のライフサイクルにおける新製品段階では、製品が標準化（規格化）されていないため、製造活動が外部経済型（特にコミュニケーション指向型）であることが多い。したがって、外部経済の面で有利な産業集積地に立地すると考えられる。一方、製品のライフサイクルの後の段階になると、製品が標準化され、外部経済の重要性が低下し、低賃金である周辺地域（低開発地域）に立地することになる。

プロダクトサイクル論では、以上のようなニューヨーク大都市圏の工業立地研究の成果を、米系多国籍企業の海外立地展開に応用している。つまり、その当時における世界の核心部（産業集積地）であるアメリカから、製品のライフサイクルに伴って世界の周辺地域（他の先進国、発展途上国）へと製造活動を立地展開することになる。また、プロダクトサイクル論では、米系多国籍企業の海外立地展開を通じて、当初はアメリカから他の先進国や発展途上国へと輸出されていた製品が、のちにはアメリカに輸入されるようになるといった貿易構造の転換についても論じている[9]。

プロダクトサイクル論の応用

以上のようなヴァーノンのプロダクトサイクル論を日本企業のアジア立地展

開に応用すると、日本はアジアにおける核心部（産業集積地）であり、新製品段階では外部経済面で有利な日本に製造活動を立地するのが有利である。また、製品のライフサイクルがのちの段階では外部経済の重要性が低下するため、こうした製品の製造活動は低賃金であるアジア諸国・地域へと立地展開していくことになる。

　小島［1973］は雁行形態論の観点からプロダクトサイクル論を検討しており、日本企業のアジアへの直接投資が日本の比較劣位産業をアジア諸国へ移転し、日本とアジア諸国における産業構造の相互高度化を進めていることを論じている。

　雁行形態論が想定するように、アジアの産業発展の先頭に立つ日本で新製品が次々に生まれ、新たな比較優位産業が育っていくのならば、製品のライフサイクルに伴うアジアへの立地展開は問題なく持続的に行われると考えられる。だが、現実には、日本で新製品を次々に生み出すことは容易ではなく、近年、特に難しくなってきていると推測される。

　また、日本企業のアジアでの製造活動は、プロダクトサイクル論が述べるように標準化された製品を単純に製造しているのではなく、現地の状況に合わせて修正を加える場合も少なからずあると考えられる。

（2）労働集約的生産工程の立地展開

ヘライナーの多国籍企業論——企業内国際分業論

　ヘライナー（Helleiner［1973］）は、企業内国際分業の見地から、多国籍企業（先進国の寡占企業）が、労働集約的な生産工程を発展途上国へ立地展開す

---

(9) ヴァーノンのプロダクトサイクル論については、Vernon［1966］pp.192-207を参照した。ヴァーノンのニューヨーク大都市圏の工業立地の研究についての論述は、Hoover and Vernon［1959］pp.3-21, pp.53-67（邦訳書、2〜22ページ、55〜71ページ）および Vernon［1960］pp.3-6, p.68（邦訳書、5〜6ページ、73ページ）を参照した。ヴァーノンの共同研究者のフーヴァーは、工業立地論の基礎を作ったウェーバーの立地論（Weber［1909］）を継承しており、ヴァーノンの研究にも立地論の考え方（立地要因など）が活用されている。

ることを論じている。こうした多国籍企業の発展途上国への立地展開は、各事業拠点間において企業内貿易を増大させることになる。

多国籍企業の企業内国際分業の観点からの発展途上国への立地展開は、発展途上国政府の工業化政策・輸出拡大戦略と密接に結び付いている。発展途上国政府は、輸入代替型工業の輸出型工業への転換などの従来の輸出拡大戦略の失敗により、企業内国際分業における労働集約的生産工程への特化という戦略を選択することになった。

発展途上国は輸出型工業のために労働集約的技術を必要としても、それを生み出すための研究・開発に資金的な限界がある。一方、多国籍企業にとっては、既存の労働集約的な生産工程を海外に再配置するだけであり、新規の技術開発コストを必要としない。多国籍企業の労働集約的生産工程の発展途上国への立地展開は、労働集約的技術の発展途上国への移転を可能にする。

輸送手段やコンピューター技術の発展の結果として、遠距離輸送コストが低下し、情報通信が容易になり、国際的な事業活動における「距離」の影響が小さくなっていくが、このことは多国籍企業の企業内国際分業の視点からの発展途上国への立地展開を促進することになる。また、先進国政府による関税の特恵措置（海外での付加価値部分のみに課税）や発展途上国政府による輸出促進措置（輸出加工区の設置など）によっても、多国籍企業の発展途上国への立地展開が促進されることになる。

なお、ヘライナーは、ヴァーノンのプロダクトサイクル論に対する批判も行っている。ヴァーノンがプロダクト（最終製品）に注目し、その標準化の進行に伴った発展途上国への立地展開を述べたのに対して、ヘライナーはプロセス（生産工程）に注目することにより、標準化がなされない段階においても低賃金労働力を求めた発展途上国への生産工程の部分的な立地展開が生じることを論じたのである[10]。

企業内国際分業論の応用

ヘライナーの企業内国際分業論を日本企業のアジア立地展開に応用すると、製品のライフサイクルがのちの段階にならなくても、企業内国際分業の観点か

ら労働集約的生産工程については日本からアジアへと立地展開していく。こうした生産工程の部分的な立地展開は、アジア諸国政府の工業化政策とも関係しており、また輸送手段や情報通信技術の発達が生産工程の分散的配置を可能にしたと言える。

近年、フラグメンテーションの考え方により、日本企業のアジアにおける国際的生産ネットワークが論じられている。フラグメンテーションとは、生産活動を複数の生産ブロックに分解し、それぞれの活動に適した立地条件の所に分散立地させることであり、そのためには生産ブロックの間を結ぶサービス・リンク・コストが十分に低い必要がある（木村［2003］107～108ページ）。こうしたフラグメンテーションの考え方は、ヘライナーの企業内国際分業論と基本的には同じであろう。

ヘライナーの企業内国際分業論やフラグメンテーションの考え方は、国際的な工程間分業の拡大に注目しているが、日系アジア現地法人の仕入高に占める現地調達の割合や売上高に占める現地販売の割合が増大してきており、生産工程の部分的な立地展開という従来の状況からは変化しつつあると言える。

（3）海外市場獲得のための立地展開

ハイマーの多国籍企業論――直接投資の相互浸透論

ハイマー（Hymer［1960］）は、寡占企業の市場シェア獲得競争の観点から、米系多国籍企業がヨーロッパへ進出する一方で、欧州系多国籍企業がアメリカへと進出することを論じている。また、金利の低い国から高い国へと海外投資が一方的に流れていくといった伝統的な考え方を批判し、企業の海外事業活動を行うための対外直接投資はアメリカとヨーロッパ間で相互浸透的になされていることを指摘した。

対外直接投資の多くは相手国企業に対して優位性をもつ寡占企業によって行

---

(10) ヘライナーの企業内国際分業については、Helleiner [1973] pp.24-43を参照した。ヘライナーは、企業内貿易についての実証研究も先駆的に行っている（Helleiner [1981]）。

われるが、寡占企業は、相手国市場に進出することによってその優位性を活用でき、企業間競争を排除することが可能になる。つまり、相手国市場への立地を通じて市場支配力を強化し、市場シェアをより多く獲得することができる。

ハイマーは、以下の式を使ってアメリカおよびヨーロッパ寡占企業間の市場シェア獲得競争を説明している（Hymer and Rowthorn [1970]）。

$$S_1 = a_{11} \cdot Y_1 + a_{12} \cdot Y_2$$
$$S_2 = a_{21} \cdot Y_1 + a_{22} \cdot Y_2$$

ここで、アメリカ企業の総売上高を「S_1」、ヨーロッパ企業の総売上高を「S_2」、アメリカ市場の規模を「Y_1」、ヨーロッパ市場の規模を「Y_2」で表しており、アメリカ企業のアメリカ市場でのシェアを「a_{11}」、アメリカ企業のヨーロッパ市場でのシェアを「a_{12}」、ヨーロッパ企業のアメリカ市場でのシェアを「a_{21}」、ヨーロッパ企業のヨーロッパ市場でのシェアを「a_{22}」で表している。

式から分かるように、アメリカ企業とヨーロッパ企業の総売上高は、アメリカおよびヨーロッパの市場規模とそれぞれにおける市場シェアによって決まってくる。対外直接投資が行われていない段階では、アメリカ企業もヨーロッパ企業も自ら立地する市場のシェア（a_{11}やa_{22}）が大きいと考えられる。

もし、ヨーロッパ市場（Y_2）がアメリカ市場（Y_1）よりも高い成長率であるならば、アメリカ企業はヨーロッパ市場でのシェア（a_{12}）を増大させない限りヨーロッパ企業が急速な成長を遂げることになる。一方、ヨーロッパ企業は「a_{12}」の増大と「Y_2」の成長率の鈍化によって脅威を受けるが、この場合、アメリカ市場でのシェア（a_{21}）を増大させる手段をとることになる。

このように、アメリカとヨーロッパの市場の成長率の違いが、市場シェア獲得のための相手国市場への直接投資を誘発することになる[11]。

直接投資の相互浸透論の応用

ハイマーの直接投資の相互浸透論を日本企業のアジア立地展開に応用すると、アジア市場の高い成長率が日本企業のアジアへの直接投資を誘発しており、日

本企業はその優位性を活用しつつ、相手国市場への立地を通じて市場支配力を強化し、アジアにおける市場シェアをより多く獲得しようとしていると言える。

もちろん、ハイマーの直接投資の相互浸透論は、アメリカとヨーロッパといった先進国の寡占企業間の市場シェア獲得競争に注目にしており、ヴァーノンやヘライナーのように発展途上国への立地展開を論じたものではない。だが、アジア諸国の一人当たりGDPの上昇によりアジアの市場としての重要性が大きくなってきており、ハイマーの論述を参考にしながら海外市場獲得のためのアジア立地展開を考えるのは有用であろう。特に、日本企業の海外市場獲得のためのアジア立地展開において、どのような優位性をどのように活用できるのかが重要な検討課題となろう。

（4）バリューチェーンのグローバルな分散による立地展開

ポーターの多国籍企業論——グローバル競争戦略論

ポーター（Porter, ed.［1986］）は、企業がグローバルな競争優位を獲得・保持するためには、バリューチェーンを踏まえながらその事業活動を世界的にどのように配置し、事業活動間をどのように調整するかを戦略的に決定しなければならないと論じている。なお、ポーターの言うバリューチェーンとは、企業内における事業活動間の結び付きのことであり、企業の事業活動は主活動（製造や販売・マーケティングなど）および支援活動（各種の管理や技術開発など）から成り立っている。主活動は、さらに製造などの上流活動と販売・マーケティングなどの下流活動に区分される。

企業は事業活動を一か所または数か所に集中することによって規模または習熟の経済性を得るが、その一方で、事業活動を分散することによって市場に密着し、活動のノウハウの把握が容易になるとともに輸送・通信・保管のコストを節約できる。企業の国際戦略においては、事業活動を集中する利点と分散す

⑾　ハイマーの直接投資の相互浸透論については、Hymer [1960]（邦訳書、27〜39ページおよびHymer and Rowthorn [1970]（邦訳書、210〜212ページ）を参照している。

る利点をバランスさせることが重要である。大まかには、販売・マーケティングなどの下流活動は分散的な配置、製造などの上流活動や技術開発など支援活動は集中的な配置がなされる傾向がある。

　ポーターは、企業の国際戦略について、事業活動の配置（集中型から分散型まで）と事業活動間の調整（低レベルから高レベルまで）といった二つの側面から分類している。企業の国際戦略のタイプは業種によっても異なるが、大まかに言えば、1960年代、1970年代における日本企業は、事業活動の配置は集中型で、事業活動間の調整は高レベルである「単純なグローバル戦略」を採用していたと言える。一方、欧米企業は、事業活動の配置は分散型で、事業活動間の調整は低レベルの「マルチ・ドメスティック戦略」を採用するケースが多かったとポーターは述べている。また、今後の傾向として、事業活動のグローバルな分散が進み、事業活動間の調整も増大する「真のグローバル戦略」に向かっていくと論じている[12]。

グローバル競争戦略論の応用

　ポーターのグローバル競争戦略論を日本企業のアジア立地展開に応用すると、事業活動のグローバルな分散配置によって、アジア市場に密着し、活動のノウハウの把握が容易になるとともに輸送・通信・保管のコストを節約できる。バリューチェーンにおける製造だけでなく、販売・マーケティングなどの下流活動もアジア諸国への配置が進んでいく。

　ポーターのグローバル競争戦略論は、企業の事業活動の世界的な配置については、「集中」から「分散」といった区分が示されているだけで、世界のどこに立地するのかについては論じていないが、主として先進国間における立地展開を念頭に置いていると考えられる。だが、アジアの市場としての重要性が高まってきており、このことはバリューチェーンの分散によるアジア立地展開という側面を強めることになろう。

コラム1　日本企業の立地先としてのアジア——その魅力とリスク

　アジアを立地先とする魅力の一つとしてまず挙げられるのは、本文中で述べたように、日本に比べて低賃金の労働力を活用できるといったコスト削減の場所ということである。低賃金の労働力が豊富にあるということは、ただ賃金が安いだけではなく、急な生産拡大にも雇用増で対応が可能であることを意味する。実際、ベトナムの日系工場では、増産のために労働者（ワーカー）を募集すると多数の応募者がすぐに集まるという。また、ベトナムの労働者は勤勉で真面目であると評価されている。ただし、ジョブホッピング（転職）が頻繁になされるため、それを防ぐ工夫が必要となる。社内でのスポーツ大会などを開催し、労働者の愛社精神を高めるといった工夫もされている。

　とはいえ、アジア諸国の経済成長に伴って賃金上昇が継続的に進んでいるため、コスト削減の場所としての魅力は低下している。日本企業がアジアでの事業活動をサステイナブル（持続可能）に行っていくためには、市場開拓の場所としてのアジアの魅力をうまく獲得できるように、事業活動を再構築していくことが必要となっている。

　アジアに立地するリスクは、上述の賃金上昇というリスク以外にも、中国における反日デモのような政治的・社会的リスクや、タイで起きた大洪水のような災害リスクなども見逃すことが出来ない。そしてもう一つ、現在一番悩ましいリスクとされるのが、「中進国の罠」と呼ばれる「経済成長の失速」である。

　ポーターは「国の競争優位」の研究において、低賃金労働力などの基礎的な生産要素に依存した「要素による推進」の経済発展段階から、積極的な設備投資がなされる「投資による推進」の経済発展段階へ、さらには「イノベーションによる推進」の経済発展段階へと転換していくために、国のビジネス環境を継起的にグレードアップしていくべきであると述べている（Porter[1990]参照）。

　アジアの新興国が経済成長の失速リスクを回避するためには、インフラの整備や裾野産業の育成を通じて国のビジネス環境（立地環境）をグレードアップし、低賃金労働力といった基礎的な生産要素に依存した状況から脱却することが重要となる。日本のアジア現地法人を訪問した際、「人口ボーナス」（人口全体に占める若い労働者の割合が大きいというメリット）という言葉を何度も聞いた。アジアの新興国にとっては、人口ボーナスがある間に「中進国の罠」を乗り越えられるかどうかが重大な課題となる。

4 日本企業のアジアにおけるバリューチェーン構築

　日本企業立地先としてのアジアをコスト削減の場所と考えるならば、ヴァーノンやヘライナーの多国籍企業論で論じられているように、製品のライフサイクルが後の段階の製品（標準化された製品）の製造をアジアに立地展開していくことや、企業内国際分業の観点から労働集約的生産工程をアジアへと立地展開していくことが想定される。しかしながら、アジアは市場開拓の場所として重要になってきており、日系アジア現地法人の現地販売や現地調達が拡大し、販売・マーケティング（営業）現地法人の立地展開も増大してきている。そのため、コスト削減の場所への立地展開の論理だけでは日本企業のアジア立地展開を理解することができない。

　市場志向を強める日本企業のアジア立地展開の特徴や論理を考察するためには、日本企業のアジアにおけるバリューチェーン構築に着目する必要がある。

（1）広い意味でのサプライチェーンとしてのバリューチェーン

　日本企業のアジア市場志向立地を考えるうえで、ポーターのグローバル競争戦略論が参考になる。ただし、ポーターはバリューチェーンを企業内における事業活動間の結び付きとして定義しているが、本書では、企業内および企業間におけるバリューを生み出す「事業活動のつながり」をバリューチェーンと定義して使用する。また、日系アジア現地法人の現地販売や現地調達の拡大のようなサプライチェーンの動向について把握することも重要であるため、サプライチェーンを中心にしながら、サプライチェーンに付随する物流以外の側面も含めて事業活動のつながりを把握する。

　なお、国連貿易開発会議の「World Investment Report 2013」でも広い意味でのサプライチェーンとしてグローバル・バリューチェーンをとらえており、「グローバル・バリューチェーンは、多国籍企業により調整される国際的に分散化した事業活動を伴った細分化されたサプライチェーンによって定義され

第1章　日本企業のアジア市場志向立地とバリューチェーン構築――その実態と理論的理解――　21

図表1－2　日本企業のアジアにおけるバリューチェーンの図式

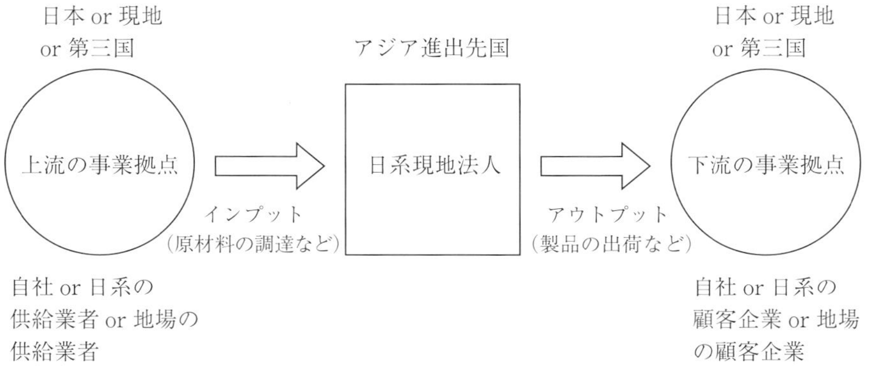

```
    日本 or 現地                                          日本 or 現地
    or 第三国              アジア進出先国                  or 第三国

  ┌─────────┐                            ┌─────────┐
 (　上流の事業拠点　) ⇒         日系現地法人        ⇒ (　下流の事業拠点　)
  └─────────┘   インプット              アウトプット   └─────────┘
                 （原材料の調達など）      （製品の出荷など）

    自社 or 日系の                                        自社 or 日系の
    供給業者 or 地場の                                    顧客企業 or 地場
    供給業者                                              の顧客企業
```

出所：筆者作成。

る」[13]と述べられている。

　日本企業のアジアにおけるバリューチェーンは、基本的には**図表1－2**のように、日系アジア現地法人を軸にして、上流の事業拠点からのインプット（原材料の調達など）と下流の事業拠点へのアウトプット（製品の出荷など）といった図式として把握することができる[14]。

　日本企業のアジアにおけるバリューチェーンの特徴を把握するためには、日系アジア現地法人にとって、上流の事業拠点の立地場所が現地なのか、日本なのか、第三国なのかを把握することが重要となる。また、下流の事業拠点の立地場所が現地なのか、日本なのか、第三国なのかを把握することが重要となる。そして、上流の事業拠点や下流の事業拠点が自社（親会社やグループ企業）なのか、日系の供給業者や顧客企業なのか、地場の供給業者や顧客企業なのかを把握することも重要となる[15]。

---

[12]　ポーターのグローバル競争戦略論については、Porter ed. [1986]（邦訳書、25～71ページ）を参照している。
[13]　UNCTAD [2013] *World Investment Report 2013*, p.125.（Table IV.1の国際ビジネスにおけるグローバル・バリューチェーンについての定義）
[14]　この図式は、ウェーバーの立地論（Weber [1909]）の考え方も参考にしている。

(2) アジアにおけるバリューチェーンの現地化

図表1-3は、2011年度における日本企業のアジアにおけるバリューチェーンの特徴を図示したものである。日本の親会社との輸出入やアジア域内での輸出入といった日本・アジアにおけるグローバルなバリューチェーンも一定程度見られるが、現地調達や現地販売といったアジア進出国内でのローカルなバリューチェーンの割合が大きいことが分かる。特に、地場企業などからの現地調達や、地場企業などへの現地販売の割合が大きいことが注目される。

2001年度の調査では、2011年度のような日系企業と地場企業などに分けた形での調査データはないが、同一企業グループ内取引の割合が調べられている。それによると、2001年度の日系アジア現地法人の現地調達においては、86.0%が同一企業グループ内取引となっており、また現地販売の49.6%が同一企業グループ内取引となっている。つまり、以前は地場企業などからの現地調達や地場企業などへの現地販売は限定されていたと推測される。

日本企業のアジアにおけるバリューチェーンの近年の特徴は、原材料の現地調達や製品の現地販売の割合が拡大してきたことであり、現地の地場企業などとの取引が増加してきたことである。こうした現象を本書では、「アジアにおけるバリューチェーンの現地化」と呼んでいる。コスト削減の場所よりも市場開拓の場所としてのアジアの重要性が高まってきたことが、日本企業のアジアにおけるバリューチェーンの現地化が進展してきた背景にある。

(3) バリューチェーンの現地化の具体例

日本企業のアジアにおけるバリューチェーンの現地化について、インドネシアの自動車産業発展との関連で、日系物流企業や日系金融サービス企業の観点から見てみる[16]。

インドネシアに進出した日系物流企業A社は、近年、現地で日系の自動車部品工場をトラックで部品を集めて回りながら日系の自動車組立工場へとジャスト・イン・タイムで届ける「ミルクラン方式」の物流サービスに力を入れてい

第1章　日本企業のアジア市場志向立地とバリューチェーン構築——その実態と理論的理解——　23

図表1－3　日本企業のアジアにおけるバリューチェーンの特徴（2011年度）

(a) 日系アジア現地法人の仕入高内訳

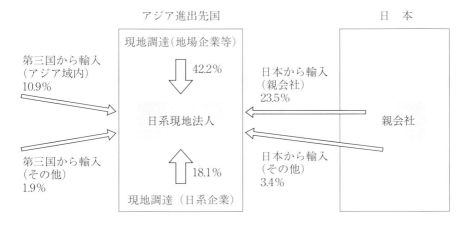

(b) 日系アジア現地法人の売上高内訳

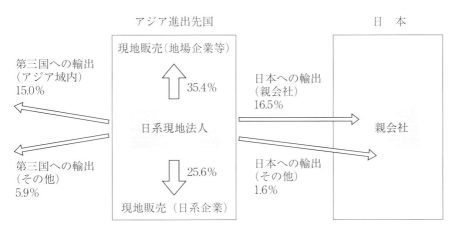

出所：経済産業省「海外事業活動基本調査」より作成。

る。これは、GPS搭載のトラックを使って分単位で自動車部品をピックアップし、きめ細かなデリバリーを24時間体制で行うものである。トラックの運転手はフォークリフトの運転も行う必要があり、そのための研修も行っている。

　A社は以前から自動車部品の物流サービスを行っているが、それはタイに進出した日系自動車部品工場からインドネシアへ部品を輸入し、自社の倉庫にストックしておき、そこから日系自動車組立工場にジャスト・イン・タイムで供給する方式である。こうした従来の自動車部品の輸入・物流サービスに加えて、インドネシア国内での自動車部品の物流サービスを拡大してきたと言える。

　モータリゼーションが進展しているインドネシアでは自動車の販売が急増してきており、2013年には自動車の市場規模が120万台を突破した。それに伴って、日系自動車部品メーカーのインドネシア進出が増大しており、東南アジアではタイに次ぐ自動車産業集積がインドネシアに形成されつつある。A社の物流サービスは、現地における日系自動車組立メーカーと日系自動車部品メーカーとの部品取引をサポートする役割を担っており、インドネシアでの自動車部品の現地調達の拡大にも寄与していると考えられる。

　また、A社と同じ日本の親会社が出資する金融サービス企業B社は、インドネシアで自動車ローン（自動車ファイナンス）事業を行っている。B社は、2013年までにインドネシア国内に58支店を展開し、従業員数は約2,200名である。他社との差別化のために「人のサービスの強化」に力を入れており、ラーニングセンター（研修センター）も設置している。B社のような金融サービス活動も、インドネシアにおける自動車の現地販売の拡大を促進していると考えられる。

　日本企業のインドネシアでの自動車産業のバリューチェーンの現地化は、現地調達や現地販売が拡大するとともに、自動車部品の製造や自動車組立製造だけでなく、物流サービスや金融サービスなどでも日本企業の現地での事業活動が増大することを意味するのである。言い換えれば、アジアにおけるバリューチェーンの現地化は、バリューチェーンの上流から下流までの様々な事業活動を担う日本企業のアジア市場志向立地を増大させる。

（4）安心・安全・信頼のバリュー

　ハイマーの多国籍企業論で論じられているように、企業が海外事業活動を成功するためには何らかの企業優位性を所有している必要がある。なぜなら、海外の事情は現地の地場企業のほうが熟知しており、海外進出を行う企業はアウェー（外国）で活動する不利を上回る能力が必要となるからである。日本企業のアジアの市場開拓においても、どのような企業優位性を、どのように活用するのかを明らかにすることが重要である。

　アジアに進出する日本企業にとって、製造技術や販売ノウハウなども企業優位性となり得るが、顧客や取引先との信頼関係づくりを通じて生み出される「安心・安全・信頼のバリュー」が企業優位性として重要であると考えられる。また、こうした優位性は、アジアにおけるバリューチェーンの現地化が進展する状況では特に重要となろう。前述した日系物流企業A社や日系金融サービス企業B社も、安心・安全・信頼のバリューを強みにしていると考えられる。

　ただし、日本企業のDNAとも言える、顧客や取引先との信頼関係づくりの精神は、日本における長期的な取引関係を背景にして生み出されたものである。日本における長期的な取引関係は、閉鎖的な系列取引のような悪いイメージもあるが、顧客や取引相手との信頼関係を重視しながら、相手の立場を配慮したバリューチェーンを発達させてきた面もある。だが、進出先国においては日本のような長期的な取引関係を構築することは必ずしも容易ではない。そのため、進出先国の地場企業や現地政府に対して、日本式の長期的取引関係・信頼関係の良さを理解してもらう必要もあろう[17]。

　日本企業のアジアへの立地展開の特徴や論理をさらに明らかにするためには、

---

[15] 例えば、日本企業がアジアの市場開拓のために、製造現地法人とともに、販売・マーケティング現地法人を立地展開する場合は、こうした製造現地法人と下流の事業拠点である販売・マーケティング現地法人とのバリューチェーンが認識される。

[16] 日系物流企業A社、日系金融サービス企業B社へのインタビュー調査は、2014年9月2日、3日に実施した。

日本企業のアジア立地展開に関するミクロ的な事例研究を積み重ねていく必要がある。そのため、次章からは産業別や国・地域別に掘り下げた検討を行う。

参考文献一覧

- 赤松　要［1956］「わが国産業発展の雁行形態――機械器具工業について」『一橋論叢』36（5）、68〜80ページ。
- 赤松　要［1965］『世界経済論』国元書房
- 安保哲夫編［1994］『日本的経営・生産システムとアメリカ』ミネルヴァ書房。
- 池部亮［2013］『東アジアの国際分業と「華越経済圏」』新評論。
- 川端基夫［2000］『小売業の海外進出と戦略――国際立地の理論と実態』新評論。
- 川端基夫［2005］『アジア市場のコンテキスト【東南アジア編】』新評論。
- 川端基夫［2006］『アジア市場のコンテキスト【東アジア編】』新評論。
- 木村福成［2003］「国際貿易理論の新たな潮流と東アジア」『開発金融研究所報』（国際協力銀行）1（14）106〜116ページ。
- 小島清［1973］『世界貿易と多国籍企業』創文社。
- 新宅純二郎・天野倫文編［2009］『ものづくりの国際経営戦略』有斐閣。
- 鈴木洋太郎［1994］『多国籍企業の立地と世界経済』大明堂。
- 鈴木洋太郎［1999］『産業立地のグローバル化』大明堂。
- 鈴木洋太郎編［2014］『2013年度 APIR 報告書：日本企業のアジア立地とサプライチェーン』（アジア太平洋研究所）。
- 鈴木洋太郎・桜井靖久・佐藤彰彦［2005］『多国籍企業の立地論』原書房。
- 鈴木洋太郎・矢田俊文［1988］「産業構造の高度化と産業の国際移転――わが国繊維および電気機器産業のアジア諸国移転」宮川謙三・徳永正二郎編『アジア経済の発展と日本の対応』九州大学出版会、31〜57ページ。
- 深尾京司・日本経済研究センター編［2008］『日本企業の東アジア戦略』日本経済新聞出版社。
- Helleiner, G.K. [1973] "Manufactured Exports from Less-Developed Countries and Multinational Firms," Economic Journal, March, pp.21-47.
- Helleiner, G. K. [1981] Intra-firm Trade and the Developing Countries, Macmillan Press.（関下稔・中村雅秀訳『多国籍企業と企業内貿易』ミネルヴァ書房、1982年）。
- Hoover, E.M. and Vernon, R. [1959] Anatomy of Metropolis, Harvard University Press.（蠟山政道監訳『大都市の解剖』東京大学出版会、1965年）。

- Hymer, S.H. [1960] "The International Operation of National Firms: A Study of Direct Foreign Investment," Unpublished Doctoral Dissertation, MIT, June.（宮崎義一編訳『多国籍企業論』岩波書店、1979年、第Ⅰ部）.
- Hymer, S.H. and Rowthorn, R. [1970] "Multinational Corporation and International Oligapoly: The Non-American Challenge," in Kindleberger, C.P. ed., The International Corporation, The MIT Press, pp.57-91（宮崎義一編訳『多国籍企業論』岩波書店、1979年、第Ⅱ部第2章）.
- Porter, M.E. ed. [1986] Competition in Global Industries, Harvard Business School Press.（土岐坤ほか訳『グローバル企業の競争戦略』ダイヤモンド社、1989年）.
- Porter, M.E. [1990] *The Competitive Advantage of Nations,* The Free Press.（土岐坤ほか訳『国の競争優位（上・下）』ダイヤモンド社、1992年）.
- Vernon, R. [1960] Metropolis 1985, Harvard University Press.（蠟山政道監訳『大都市の将来』東京大学出版会、1968年）.
- Vernon, R. [1966] "International Investment and International Trade in the Product Cycle," Quarterly Journal of Economics, Vol.80, pp.190-207.
- Weber, A. [1909] Über den Standort der Industrien, 1. Teil. Verlag von J.C.B.Mohr.（篠原泰三訳『工業立地論』大明堂、1986年）

---

(17) 安保編［1994］6ページは、日本的経営・生産システムの海外展開の観点から、「日本企業の現地工場は、一方でそのもっとも得意とする生産システムの優位性を最大限持ち込もうとしながら」、「他方では現地のさまざまな環境条件にあわせてそのシステムを多かれ少なかれ修正」しなければならないと論じている。日本的経営・生産システムも、進出先国においては日本のような長期的な取引関係・信頼関係を構築できないと、その良さを十分に発揮できないと考えられる。

第2章
日本の繊維・アパレル企業のアジアでの立地展開とバリューチェーンの形成

1 繊維・アパレル産業のバリューチェーン

　バリューチェーンの視角[1]から本章が対象とする日本の繊維・アパレル産業を見る際には、二つのポイントを指摘することができる。

　第一に、繊維原料から衣服までの生産と販売の一連の流れは、繊維原料や糸を扱う川上段階、布やテキスタイルの川中段階、衣服・アパレルの川下段階というように大きく3段階に分けられることである（最終製品については、産業用資材、家庭・インテリア、衣服・アパレルの3分野に分かれる）。

　第二に、各企業が生産や販売などの機能を担って分業や機能特化が進んだ結果、各段階に製造企業とそれをつなぐ中間段階の卸や商社といった商業企業が数多く存在して産業全体のバリューチェーンが長いことである[2]。

　したがって、本章において具体的に海外子会社（海外現地法人）データなどの分析を行う際には、この産業内の多くの企業を分類、整理する必要がある。

---

(1) 第1章で述べたように、本書では、企業内の事業活動のつながりを把握するポーターのバリューチェーンの考え方を、広く企業間のつながりを含めて捉え直している。P・ディッケン（イギリスの経済地理学者）も、「取引面でつながった諸機能のまとまり」をProduction Chain（生産連鎖）と定義し、「機能の段階ごとに財やサービスの生産プロセスに対して価値が付加される」（Dicken,P. [1998]、宮町監訳 [2001] 上巻、9ページ）と論じており、参考になる。

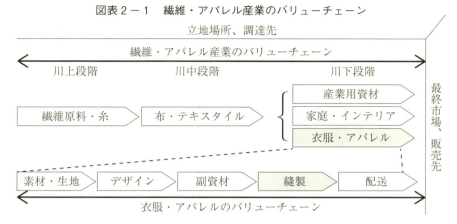

図表2−1　繊維・アパレル産業のバリューチェーン

注：ヒアリングでは、主にグレーの部分に位置する企業を対象とした。製造業、非製造業は、後述の図表で実線、点線で区分している。
出所：筆者作成。

　そこで、海外現地法人などの分析では、業種を最も大枠では製造業（繊維・衣服）と非製造業（繊維・衣服卸売）の二つに分ける。そのうえで、現地法人を取扱製品ごとに、川上（糸）段階、川中（布）段階、川下（衣服・アパレル）段階に整理し、特に衣服・アパレルについては、ヒアリングの分析から素材・生地、デザイン、副資材、縫製などの活動に整理する。そして、企業や拠点を産業全体や各業界・分野におけるバリューチェーンのなかに位置づけながら検討を加えていく（**図表2−1参照**）。

　本章の分析は、各種統計やデータの分析および日本国内と海外現地で実施した本社オフィス並びに工場でのヒアリング調査、工場見学調査の結果とその分析に基づいている。データは、主に日本企業の海外展開（現地法人ベース）を知る基礎的な資料である『海外進出企業総覧（各年版）』（東洋経済新報社編）や日本の経済産業省、日本貿易振興機構（ジェトロ）などのものを使用する。対象とするアジア地域は、中国とASEAN諸国を中心として検討を進める。そして、各国を経済発展段階に応じてASEAN4（ASEAN中心国）やシンガポールと、それ以外のASEAN周辺国といったように区分して論じることに

する[3]。特に近年は、中国一極集中からアジアの別の国にも拠点を設ける「チャイナプラス・ワン」、「チャイナアフター・ワン」といった動きもあり、こうした視点も意識する[4]。

　ヒアリングについてだが、対象とした企業は、日本の繊維・アパレル企業で東南アジアを中心にアジア進出を行う製造業と非製造業である。これに加えて、日本企業のアジア立地の全体像を捉えるためにジェトロの海外事務所、日本人商工会議所へのヒアリングも実施している。

2　日本の繊維・アパレル企業のアジア立地の特徴と変化

（1）海外現地法人データから見た日本企業のアジア立地

　海外現地法人データである『海外進出企業総覧（各年版）』を見ると、日本企業にとってアジア地域は、2012年10月時点ですでに現地法人数が15,582社と世界全体（25,204社）の61.8％を占めて非常に重要な地域となっている。これを2000年までさかのぼると、アジア地域全体では9,741社で、これは当時の世界全体18,579社の52.4％と半数を超えていたものの現在よりは低い。その後、2005年には12,071社（58.4％、全世界は20,674社）、2010年には13,684社（60.3％、全世界は22,708社）と、アジア地域は現在に至るまで実数、割合を着実に増加させ、世界におけるプレゼンスを急速に高めてきている。

---

(2)　鈴木・桜井・佐藤［2005］、143～145ページ。繊維・アパレル業界の流通経路の長さや多段階性、各段階のメーカー間に商社や卸売業が存在することは、繊研新聞社（2012）などでも指摘されている。

(3)　ASEAN（東南アジア諸国連合）は、インドネシア、カンボジア、シンガポール、タイ、フィリピン、ブルネイ、ベトナム、マレーシア、ミャンマー、ラオスの10か国で構成されている。このうちASEAN4とは、原加盟国であり経済発展の進んだインドネシア、タイ、フィリピン、マレーシアを指し、それ以外の加盟国（ブルネイを除く）を周辺国としている。また、ASEAN加盟国ではシンガポールだけがアジアNIESである（外務省、日本アセアンセンターのホームページなどを参照）。

(4)　日本経済新聞、2014年3月7日、11月22日付朝刊など。

ただし、アジアの地域内を見ると、その立地場所は2000年と現在とでは大きな違いがある。すなわち、中国（香港、マカオを除く）は2012年では6,091社と世界全体の24.2％の現地法人があり、最も高い割合を示している。また、東南アジア諸国（ASEAN10）についても、中国と比較して実数でも割合でも大きな違いはない（5,797社、世界全体の23.0％）。

ところが、2000年の時点では、東南アジア諸国が4,569社（同24.6％）、中国が2,498社（同13.4％）と東南アジア諸国が中国を大きく上回っている。その後、2005年までの間に中国進出が4,401社（同21.3％）まで急増して、2010年には東南アジア諸国を逆転し（中国5,345社（同23.5％）、東南アジア5,082社（同22.4％）、現在の中国集中状況が生まれている。ただし、東南アジア諸国についても2005年の4,731社（同22.9％）から2012年までに1,000社以上増加して再び増加傾向にあり、中国と大きな差は生じていない。

したがって、今日の日本企業の現地法人のアジアへの集中は、2000年以降の中国集中が生み出したものと言えるが、東南アジア諸国についても2000年までは中国を上回る多くの立地があり、近年再び増加していてアジア地域のなかで今なお重要な立地場所であると考えられる。

（2）繊維・衣服製造業におけるアジアの位置づけ

それでは、繊維・アパレル産業において、これらのアジア地域はどのような位置づけなのであろうか。上記の海外現地法人データから日本の繊維・アパレル産業における製造業（繊維・衣服製造）の立地を見ると、2012年においてアジア地域の繊維・衣服製造業の現地法人数は399社と世界全体（446社）の89.5％を占めている。これは、先に見た全産業のアジア現地法人の割合（61.8％）よりも高く、繊維・衣服製造業においてはさらに高いアジア集中立地であると言える。なかでも中国は、247社と世界全体の55.4％を占めていて、非常に重要な国である。

また、東南アジア諸国についても ASEAN 6か国[5]だけを見ても103社、23.1％と、先の ASEAN10か国で見た全産業の東南アジアへの立地の割合（23.0％）

と同程度であり、繊維・衣服製造業においても東南アジア諸国は重要な地域である。ただし、10年前の2002年には全世界に515社、アジアに466社（90.5％）、東南アジア（ASEAN 6 か国）に118社（22.9％）、中国には294社（57.1％）の海外現地法人があった。つまり、2012年までの10年間にいずれの地域も減少しており（全世界で69社減）、特に中国は47社減と極めて多くなっている。

したがって、日本の繊維・衣服製造業の立地にとって、アジア地域（特に中国や東南アジア諸国）は非常に重要な国々であるものの、その中心である中国では過去10年間に大幅な立地の減少が見られるということである。そこで、近年の中国立地の変化をさらに検討したい。

（3）日本の繊維・アパレル企業の中国立地の変化

図表2－2は、製造業の繊維・衣服製造業だけではなく、非製造業の繊維・衣服卸売業についても中国国内の各省、地域別に集計し、2000年代の半ばの2007年とその5年後の2012年における両者の立地状況を示している。

2007年と2012年の現地法人データを比較して、最も大きな違いは製造業と非製造業を合わせた繊維・アパレル産業全体で44社減少していることである。内訳を見ると、製造業が62社減少する一方で非製造業は18社増えている。地域的には、この変化は立地が集中する中部沿海地域で大きく23社減少している。ただし、ここでも内訳は製造業が39社減少、非製造業が16社の増加である。

つまり、日本の繊維・アパレル企業の中国立地は、絶対数では製造業がいまだに多いものの2007年以降は製造業が撤退していき、これに代わって非製造業の進出が増えている。そして、これまで製造業の立地の中心地であった中部沿海地域は、非製造業にとって立地場所としての重要性を高めている。

ここで、『海外事業活動基本調査（各年版）』（経済産業省）から2000年代から近年までの約10年間の日本の中国現地法人（繊維）の販売先・仕入先の変化を見ると（数値は、中国本土だけのもので香港は除く）、ここにも大きな変化

---

(5) インドネシア、シンガポール、タイ、フィリピン、ベトナム、マレーシアの6か国を指す。

図表2-2　中国における製造業と非製造業の立地状況の変化

		繊維・衣服		繊・衣服卸売		合計	
		2007	2012	2007	2012	2007	2012
中沿海	上海市	99	73	41	58	140	131
	江蘇省	71	62	1	1	72	63
	浙江省	34	30	1		35	30
北沿海	北京市	14	12	4	5	18	17
	天津市	6	3			6	3
	遼寧省	16	14		1	16	15
	河北省	4	2			4	2
	山東省	43	32			43	32
南沿海	福建省	3	3			3	3
	広東省	10	9	1	1	11	10
内陸中	吉林省	2	1			2	1
	内蒙古	2				2	
	湖北省	2	1			2	1
	湖南省	1	1			1	1
	安徽省	3	4			3	4
内陸西	四川省		1				1
合計		310	248	48	66	358	314

注：中沿海は中部沿海地域、北沿海は北部沿海地域、南沿海は南部沿海地域、内陸中は内陸中部地域、内陸西は内陸西部地域を指す。地域区分については、拙稿［2005］と同じ。
出所：東洋経済新報社編［2008］・［2013］より作成。

が生じている。そして、これは中国で起きている現地法人数の変化の背景の一端を示すものと言えよう。すなわち、販売先は2001年度に日本向け輸出89.7％、現地販売7.7％と圧倒的に日本向け輸出だったものが、2005年度には日本向け輸出が48.7％まで大きく減少して、現地販売は42.7％に急増している。そして、2012年度には日本向け輸出が41.0％まで減少して、現地販売が50.0％とさらに増えて日本向け輸出を逆転し、製品の販売先が日本市場から現地市場へと変化している。

　一方、仕入先についても、2001年度に日本からの輸入は63.0％、現地調達は

40.7％であったものが、2005年度には日本からの輸入が30.6％にまで急速に減少して現地調達は60.5％に増加し、日本からの輸入を逆転する。そして、2012年度には日本からの輸入が20.3％までさらに減少して現地調達は66.1％に増加し、原材料の仕入先が日本から現地へと変化している。

つまり、2000年代初めまでの原材料も市場も日本に依存していた状態（日本への持ち帰り輸出）から、中国国内で原材料を調達して中国国内で製品を販売する方向に大きく転換しているということである。特に、この変化は2001年度から2005年度にかけて著しく変化しており、その後もこの傾向は続いている。

このように、1990年代後半の進出ブーム時に多く見られた、日本市場向けに原材料や部品を持ち込んで中国現地の廉価労働力を使ってつくるという持ち帰り輸出型の生産拠点設立[6]は、2000年代半ば以降、現地販売・現地調達型進出へと大きく転換してきている。この変化は、中国が生産拠点として成熟しながら販売市場としての魅力を高めていることを示すものであると言えよう。

中国の経済発展と産業構造の高度化、人々の所得水準の上昇といった変化のなかで、この国は日本の繊維・アパレル産業にとって生産拠点としては成熟段階を迎えつつ、販売市場としての重要性を高めている。そして、このことが日本企業の現地販売・現地調達の上昇や、製造業の立地減少、非製造業の立地増加といった変化にも表れ、今後もこの傾向と方向性は継続していくものと考えられる。

3　日本の繊維・アパレル企業の東南アジア立地の特徴と変化

（1）海外現地法人データから見た日本の繊維・アパレル企業の東南アジア立地の特徴

それでは、日本の繊維・アパレル企業にとって、アジアで中国と並んで重要な地域である東南アジア諸国では何が起きているのだろうか。

---

(6)　佐藤［2003］などを参照。

『海外進出企業総覧』（東洋経済新報社編［2013］）によると、2012年10月時点で東南アジア諸国において日本の繊維・アパレル関連の現地法人は125社となっている[7]。このうち、国別で最も多いのはタイの43社であり、続いてインドネシア40社、ベトナム18社、マレーシア12社となっている。その他諸国への立地は、シンガポール4社、カンボジア3社、フィリピンとラオスが各2社、ミャンマー1社である。すなわち、ASEAN諸国（なかでもASEAN4などの中心国）を中心としながら、ベトナム、カンボジア、ラオス、ミャンマーといった従来ASEANのなかで周辺国として位置づけられてきた国々への立地も見られる。

ここで、現地法人を業種別に繊維・衣服（製造業）と繊維・衣服卸売（非製造業）に分けてみると、製造業の繊維・衣服は109社、非製造業の繊維・衣服卸売は16社で圧倒的に製造業が多くなっている。地域的に見ると、製造業は進出総数の多かったインドネシア37社、タイ36社、ベトナム18社、マレーシア10社に多く、続いてカンボジア3社、ラオス2社、シンガポール、フィリピン、ミャンマーが各1社である。したがって、東南アジア諸国においても製造業の立地が中心となっている。

一方、非製造業については、タイの7社が最も多く、続いてシンガポール、インドネシアがそれぞれ3社、マレーシア2社、フィリピン1社となっており、その他諸国への立地はない。つまり、ASEAN4やシンガポールといった東南アジアのなかで経済発展が進み、市場としての魅力の高い諸国が非製造業の立地の中心となっている。また、ASEAN中心国ではないベトナムやカンボジア、ラオス、ミャンマーなどの周辺諸国に非製造業の立地はなく、製造業の立地のみである。

（2）日本の繊維・アパレル企業の東南アジア立地の過去10年間の変化

それでは、こうした東南アジア諸国における立地の特徴は、どの段階から形成されてきたのであろうか。**図表2－3**から、直近10年間の日系現地法人の立地状況が分かる。

図表2−3　東南アジア諸国の10年間の日系現地法人立地の変化（2002年−2012年）

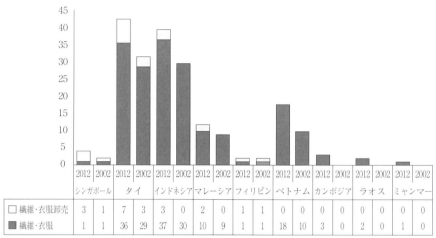

出所：東洋経済新報社編［2013］より筆者作成。

　これを見ると、東南アジア諸国全体で2002年から2012年の10年間に現地法人数は40社増えている[8]。業種別では、製造業の繊維・衣服が29社、非製造業の繊維・衣服卸売が11社増えており、過去10年間も製造業が立地を牽引している。ただし、2012年時点で16社ある非製造業の多くもこの10年間に立地しており、非製造業においても重要な10年間と言える。

　また、この10年間に国別で最も多くの立地が見られたのがタイ（11社）であり、続いてインドネシア10社、ベトナム8社、マレーシア、カンボジアが各3社、シンガポール、ラオスが各2社、ミャンマー1社となっている。タイやインドネシアには製造業の立地も多く見られるが、非製造業の立地も多い。これに対し、ベトナムやカンボジア、ラオス、ミャンマーといった周辺国への立地

---

[7]　東洋経済新報社編［2013］で、繊維・衣服と、繊維・衣服卸売に分類、集計される現地法人の合計のこと。
[8]　ここでは単年度のデータ集の数値であるので、各年度のデータ集の数値を比較した2節とは値が異なる。

は製造業のみで、ここ数年の間にこれまで進出のなかった国に対する立地が製造業で行われている。

このように、2002年からの10年間は、日本の繊維・アパレル企業の東南アジア諸国への立地にとって、業種的には製造業だけでなく非製造業へと幅が広がり、地域的にもこれまで立地がなかったカンボジア、ラオス、ミャンマーといった国々へ拡大しており、現在の立地の特徴を形成するうえで極めて重要な10年間であったと言える。ただし、ASEAN中心国のタイ、インドネシア、マレーシア、そして周辺国のベトナムにおいては2002年以前にも多くの立地が見られる[9]。

次項では、これらの立地の内容や進出経緯についてバリューチェーンの枠組みで現地法人を整理しながら、東南アジア諸国における立地行動についてさらに検討を加える。

(3) 日本の繊維・アパレル企業の東南アジアにおける立地行動

日本の繊維・アパレル企業による東南アジアでのバリューチェーンの形成

図表2-4は、製造業である繊維・衣服に分類される海外現地法人が、いつ、どの国に立地したのかを示している。また、現地法人の事業内容についても各社の取り扱い製品ごとに分類し、各現地法人が繊維・アパレル産業のバリューチェーンのどの段階に位置づけられるのかについても示している。

1960年代から1980年代は、「東レ」や「帝人」などの素材メーカー、「クラボウ」などの紡績メーカーといった糸や布を製造する川上、川中段階の現地法人がタイ、インドネシア、マレーシアなどのASEAN中心国に数多く立地している[10]。一方、川下段階の「丸久」や「フレックスジャパン」などの衣服・アパレル製造の現地法人が東南アジア諸国に本格的に設立されるのは1990年代以降であり、比較的新しい立地である。

1990年代以降には、衣服・アパレルと同様に産業用資材製造の現地法人（自動車関連の繊維資材が多い[11]）がタイやインドネシアで増えている。一方、ASEANの周辺諸国についてはベトナムへの進出が最も早く、1990年代半ばの

図表2－4　東南アジア諸国における製造業のバリューチェーンの形成

年代		シンガポール	タイ	インドネシア	マレーシア	フィリピン	ベトナム	カンボジア	ラオス	ミャンマー
1960	糸・布		1							
	布		1							
1970	糸			2						
	糸・布		2	6	2					
	糸・産				1					
	布			1	1					
	AP		1							
	副	1								
	産			1		1				
1980	糸		1		1					
	糸・布				1					
	AP		2							
	副		2							
1990	糸		1	2	1					
	糸・布		1		1					
	布		2	4						
	AP		6	8			8			
	副						1			
	産		3	4	1		1			
2000	糸		3							
	AP		2	2			4		2	
	副		1							
	産		6	2			1			
2010	糸				1					
	布			1						
	AP			2			2	3		1
	副						1			
	産		1	2						

注：APは衣服・アパレル製品、副は副資材、産は産業用資材を示す。また、糸・布や糸・産などと併記している場合、その現地法人が複数の製品を扱っていることを示す。詳しい製品の分類については、佐藤［2011］を参照のこと。
出所：東洋経済新報社編［2013］、各社ホームページ情報等をもとに筆者作成。

図表2－5：東南アジア諸国における非製造業現地法人の立地

年代	シンガポール	タイ	インドネシア	マレーシア	フィリピン
1960		糸・布・AP・産(1)			
1970		副(1)			
1980	AP(1)				AP(1)
1990		副(1)			
2000	AP(1)	産(2)	糸・布・AP(1) 産(1)	AP(1)	
2010	AP(1)	糸(1) AP(1)	産(1)	産(1)	

注：各国の非製造業現地法人の取扱品目を示す。分類方法は、図表2－4と同じ。カッコ内は、現地法人数。
出所：図表2－4に同じ。

　1995年3月に「グンゼ」がホーチミンにインナーウェアの製造・加工工場を設立している。次いで早いのが2000年代のラオスであるが、これは「山喜」が首都ビエンチャンに2006年1月に設立したカッターシャツの製造工場で、ベトナム立地からは10年以上あととなる2000年代後半のことである。
　カンボジア、ミャンマーについては、2010年代とさらに新しい立地となっている。ベトナムも含めたこれら周辺諸国の現地法人の共通点は、そのほとんどが川下段階の衣服・アパレル製造だということである。これは、中国やASEAN中心国で上昇する労働コストなど労働集約的要素の多い衣服・アパレルの生産工程において、生産コスト削減を狙った立地であると考えられる[12]。
　また、非製造業現地法人については、先に見たようにシンガポールやASEAN4といった経済発展が進んだ諸国への立地しか見られない（図表2－5参照）。事業内容は、1960年代以降に衣服・アパレル関連の川下段階を中心とした現地法人が設立され（6社）、それとともに産業用資材の現地法人も5社見られる。また、糸や副資材を扱う現地法人、複数の繊維製品を扱う現地法

人も見られるが、基本的には衣服・アパレルと産業用資材を扱う非製造業現地法人が立地の中心となっている。

日本の繊維・アパレル企業の東南アジアにおける立地行動

このように、日本の繊維・アパレル企業の東南アジア（ASEAN）立地は、1960年代以降、素材や紡績メーカーが中心となって糸や布といった川上、川中段階の製造現地法人を ASEAN 4 などの中心国に設立し、各国で日本企業による繊維産業の集積を形成している。その後、1990年代以降は、衣服・アパレル製造などの川下段階においてバブル経済や円高など日本国内での生産コスト高によるアジアシフトや、2000年代以降の中国の生産コスト上昇を受けてコスト削減を狙った東南アジアシフトが段階的に進んでいる。

これに加えて、1990年代以降はタイやインドネシアなどに自動車メーカーの進出も多かったことから[13]、自動車内装材などの自動車関連の繊維資材を扱う産業用資材現地法人の立地も進んだ。その一方で、非製造業現地法人についても経済発展に伴って所得水準が向上し、市場としての魅力が高まるシンガポールや ASEAN 4 への立地が2000年代以降になって川下の企業を中心に行われるようになってきていると言えよう（**図表 2 − 6 参照**）。

---

(9) 戦後から1990年代にかけての日本の繊維メーカーの立地行動については、佐藤［2003］を参照されたい。
(10) この時期の日本企業の素材メーカーを中心とした合繊、紡績企業の東南アジア進出については、トラン［1985］に詳しい。また、「東レ」は当時東南アジア進出を活発に行っており、その様子は同社の70年史（日本経営史研究所編［1997］）のなかで非常に丁寧に描かれているので参照されたい。
(11) 「住江織物」のタイやインドネシアでの自動車内装材工場や、「菊地工業」のタイのシートベルト工場などがある。
(12) これら諸国に衣服・アパレル製造以外の製造現地法人としてあるのは、ベトナムの産業用資材2社、副資材2社である。産業用資材の2社が製造する製品は、漁網用撚糸や繊維用界面活性剤といった衣服・アパレルとは異なるものであるが、副資材については衣料副資材や服飾資材、生活産業資材における金属・樹脂・繊維製パーツであり、衣服・アパレル製造と関わる広い意味での川下段階の製造現地法人と言える。
(13) 宇根［2006］などを参照。

図表2－6　日本企業の東南アジアにおける立地行動

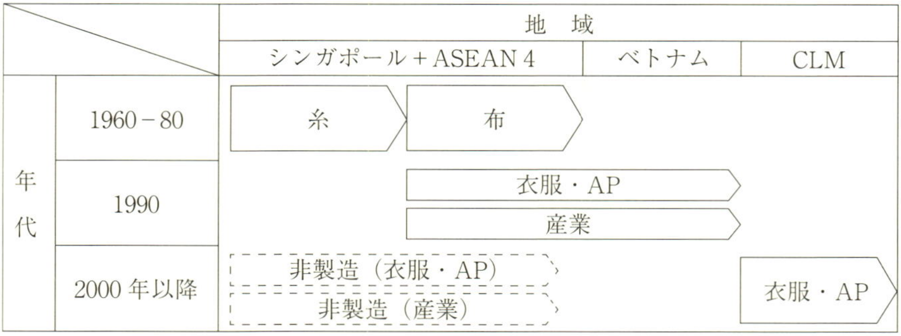

年代	地域		
	シンガポール＋ASEAN 4	ベトナム	CLM
1960–80	糸　→　布		
1990	衣服・AP →		
	産業 →		
2000年以降	非製造（衣服・AP）		衣服・AP
	非製造（産業）		

注：図形の周囲が実線のものは製造業を、点線のものは非製造業を指す。CLMはカンボジア、ラオス、ミャンマーの略。
出所：筆者作成。

4　日本の繊維・アパレル企業の東南アジアにおけるバリューチェーンとDNA

（1）対象企業の進出年、立地場所、進出形態

　ここまで、統計データに記載された企業情報から各社の事業拠点の場所や事業内容を分析し、日本企業の東南アジア諸国におけるバリューチェーンの形成や立地行動を整理してきた。しかし、企業が個別にもつ部品や資材の調達網や供給先、企業間の取引関係を含めたバリューチェーンの中身にまで踏み込んだ分析ができていない。

　ここでは、筆者がこれまで東南アジア諸国の日本企業の拠点において行ったヒアリング調査[14]から、調達先や販売先を整理し、バリューチェーンについての検討を加える。

　図表2－7にあるように、ここで原材料や部品の調達先、製品の販売先などについて検討していくのはA社からH社の8社である。立地する国は、ASEAN中心国のタイと周辺国のベトナム、ラオスの3か国である。各国内に

figure 2－7：企業の進出年、立地場所、進出形態

企業	進出年	立地場所	進出形態
A	1970	タイ（バンコク）	日系企業（親会社）、現地企業合弁、縫製工場
B	1989	タイ（ナコンパトム県）	日系企業（親会社）直営、縫製工場
C	2005	ベトナム（ドンナイ省）	日系企業（親会社）100％子会社、縫製工場
D	1995	ベトナム（ホーチミン市）	日系企業（親会社、商社）100％現地法人、一貫工場
E	2006	ベトナム（ビントゥアン省）	日系企業（間接出資）、現地企業合弁、縫製工場
F	2000	ベトナム（ホーチミン市）	現地企業提携、専用縫製ライン
G	2006	ラオス（ビエンチャン市）	日系企業（親会社）直営、縫製工場
H	2009	ラオス（ビエンチャン市）	日系企業（親会社、商社）100％出資、縫製工場

注：進出年は、設立年または操業年のこと。
出所：現地調査および各社資料などに基づいて筆者作成。

おける立地場所は、タイとラオスについてはそれぞれ首都のバンコク、ビエンチャンとその近郊県であり、ベトナムはホーチミンとその近郊の省である。

　進出時期については、最も古いのが1970年のタイのA社で、最も新しいのがラオスのH社である。国別の傾向として、タイの現地法人は比較的早くから進出しており、ラオス拠点が最も新しい。これらの企業は『海外進出企業総覧』（東洋経済新報社編［2013］）ではすべて製造業の繊維・衣服に分類されていて、紳士服、婦人服、スーツ、シャツ、アウター、ドレス、アンダーウェアといった衣服・アパレル製品を製造する縫製工場である[15]。ただし、進出形態は、日本の親会社100％出資の現地法人（子会社）や直営工場だけでなく、日本の親会社と日系商社、あるいは現地企業との合弁工場、現地企業と提携した自社専用縫製ラインと幅広く、各社が進出した経緯や進出目的などから出資関係や運営形態は多岐にわたっている。

---

[14] 筆者が、2009年から2014年にかけてASEAN諸国で実施してきた調査である。時間の経過とともに企業の経営状況は変わるが、基本的にここではヒアリング時点で得た情報に基づいている。
[15] D社は、生地編立から生地加工、縫製を含んだ一貫工場である。

（2）東南アジア拠点における各社の調達、販売先

それでは、これらの生産拠点は原材料や部品をどのように調達し、そこで生産した製品をどこの市場に向けて供給しているのだろうか。**図表2－8**では、各社の調達・販売先が現地国なのか、日本本国や第三国なのかという点に加えて、そこでの取引先が現地企業なのか、日本の親会社や第三国企業なのかについても整理している[16]。

A社からH社の東南アジア各拠点において、販売先は、ベトナム、ラオスの拠点は日本市場向けが90％から100％で、それらは日本の親会社向けの自社製品もあるが、日本のセレクトショップやスポーツブランド、百貨店、量販店やスーパーといった相手先ブランドでの生産（OEM、委託加工生産）が多くなっている。これに対して、タイ拠点では自社ブランドか外部向けかといった違いはあるものの、現地販売が50％から75％と非常に高くなっており、日本向けを上回っている。

一方、調達先について見ると、生地は中国などの第三国や日本から、副資材は一部現地調達し（タイでは現地調達が多いが）、多くのものは中国、あるいは日本から調達されている。例えば、B社では製品を入れる袋に使われる外装用ビニロンは現地調達もできるが、透明度がないことや、製品を入れる際に入れにくいなどの理由で日本から調達している。また、デザインについては日本向けの製品が多いため、日本の親会社か取引先企業から、生産設備・機械は日系企業のものを日本や第三国から調達することが多い[17]。

このように生産設備・機械以外の素材や部品の調達先には、立地する国の経済発展段階や裾野産業の有無の影響がある一方で、その製品がどの市場に供給されるものであるか、すなわち仕向け先の影響が大きい。つまり、日本市場向け製品の多いベトナムやラオスの拠点では素材や副資材、デザインの日本や中国調達が多く[18]、現地販売の多いタイの拠点では素材や生地、副資材の現地調達が上がり、デザインについても現地スタッフによるものや現地企業からの持ち込みが多く行われている。

図表2－8　各社の調達販売の状況

国	企業		各社の調達販売の状況
TH	A	調達	[素材・生地・副資材]　現地向は、現調100%（合弁企業関係70%、他30%）。日本向は、委託加工（図面・データ、材料は日本から）　　[デザイン]　現地向は、現地人デザイン　[生産設備・機械]　ミシンは日本企業の製品。日本企業と共同開発した補助具
		販売	現地（自社ブランド）75%、グループ企業の海外法人25%（日本10%、アメリカ25%、他65%）
	B	調達	[生地（素材）]　現地向は、現地調達。日本向は、第三国調達（中国が多く、インドネシア、マレーシア）　[副資材]　附属品、芯地、台紙は、現地調達90%。外装（ビニロン）は、日本調達　[デザイン]　現地向は、現地女性お客様持込。日本向は、日本から　[生産設備・機械]　当初、第三国（香港）経由の日本調達。金型は、現地調達（当初は日本から）
		販売	現地（百貨店等）50%弱、日本40%弱（親会社25%、商社経由13%）、第三国（EU）20%
VN	C	調達	[生地]　主に、日本、第三国（中国、台湾）調達。一部現地調達　[副資材]　針・糸、梱包資材は、現地調達。ビーズ、スパンコールは、第三国調達（中国）から輸入。レースは、第三国調達（中国、フランス）、一部現地調達　[デザイン]　日本（親会社）　[生産設備・機械]　ミシンやアイロンは、日本企業から調達
		販売	日本100%（親会社90%、日系他社10%）
	D	調達	[原材料]　綿花は、第三国調達（オーストラリア、ブラジル、中国）　[糸]　現地調達　[生地]　ベトナム自社生産　[副資材]　現地、日本、第三国（中国、タイ）　[デザイン]　日本（親会社）　[生産設備・機械]　ミシンは、日本企業の現地代理店経由。オリジナル設備は、日本（親会社）
		販売	日本90%（親会社）、現地と第三国で10%
	E	調達	[生地]　日本から指示し、第三国調達（台湾、上海、タイの自社関連企業）　[副資材]　主に日本、第三国（中国）、現地調達は数%。縫糸は、中国企業から　[デザイン]　日本（お客様と打合せ。試作時にデザインと縫製を摺合せ）　[生産設備・機械]　ミシンは、日本企業（日本製）、検針器等は、中国・香港
		販売	日本約100%（スポーツブランド、セレクトショップ）、第三国（韓国・米国・香港・中国）数%
	F	調達	[生地]　日本（仕向先に合わせて）　[副資材]　日本製、第三国調達（中国）。縫糸は現調100%　[デザイン]　日本APの企画（仕様の中身は一部現地摺合せ）。マスターパターン、型紙は、お客様から　[生産設備・機械]　ミシンは日本企業の代理店に発注（第三国（シンガポール）経由の中国調達）
		販売	日本100%（百貨店、セレクトショップ向け中高級品）
LA	G	調達	[生地]　第三国調達（タイ80%、インドネシア15%、マレーシア数%）、日本調達数%　[副資材]　附属品、ケース、芯地、ボタン、ピンは、第三国（タイ）。ブランドタグ、ネームは、日本から　[デザイン]　日本（仕様書、指示書）　[生産設備・機械]　ミシンは、日本や第三国（タイ、シンガポール）の日系現地法人経由
		販売	日本90%（量販店、スーパー）、第三国（EU）10%（タイ法人、商社経由）
	H	調達	[生地]　ウール生地は、日本、第三国調達（中国、イタリア）。生地は、中国調達が多い。なければ日本から　[副資材]　表地、裏地、芯地は、100%中国（なければ日本から）　[デザイン]　日本（APメーカー、商社経由）　[生産設備・機械]　ミシンは、第三国調達（中国・日系企業）。スーツの生産機械は、第三国調達（中国）
		販売	日本100%（量販店、スーパー70%）

注：THはタイ、VNはベトナム、LAはラオスのこと。
出所：現地調査および各社資料に基づいて筆者作成。

（3）日本企業のバリューチェーンと DNA

これまでの検討から、日本企業の東南アジアにおけるバリューチェーンについては次の二つの特徴があると言えよう。

一つが、タイ、ベトナム、ラオスといったように経済の発展段階が下がるに従って、また各国市場の規模や成長性、現地に関連支援産業、裾野産業があるのかないのかということから、現地販売や現地調達の割合も下がっていくということである。

もう一つが、販売先である市場と、素材や部品の調達のバリューチェーンは強く結び付いているということである。つまり、日本向けの製品については、素材や副資材、デザインなどの日本調達が上がるか、あるいは中国からという場合が多い[19]。これとは逆に、現地販売の製品については、現地でデザインを行ったり調達したりすることが多い。その要因としては、日本や中国における関連支援産業、裾野産業の存在といった生産背景、バリューチェーンの大きさに加え、各仕向け先の市場に合わせた品質、ニーズに合わせたデザインを日本企業がそれぞれの市場で細かく行っていることなどが考えられる。

また、これに加えて、筆者が工場を見学させてもらうなかで確認したことは、各社の生産現場では、検品・検針の徹底（針の番号管理や繰り返し複数回のチェック）、5S（整理、整頓、清掃、清潔、躾）、カイゼン活動、日本の技術者による指導、日本の工場での現地幹部研修、日本の工場と同じことを同じようにやること（○○社式、誠実な従業員待遇［給与賞与、福利厚生］、納期厳守）、日本基準での品質管理（色へのこだわり、生地を傷めない工夫）、研修教育といった様々な日本方式のやり方が採用されていたことであり、生産現場においてそれらが徹底して導入されていたことである（右の写真参照）。

こうしたことが、日本企業の高い技術力や高い製品品質を生み出し、各国の消費者にとっては、日本製品を購入する際に安心感や安全性を与える日本企業のバリューであり、DNA であると考えられる。

針の管理が徹底されている日系の海外現地工場

日系の海外現地工場に掲示されている日本語と現地語の5S

⒃　具体的には、これらはほとんどが縫製工場であるため、調達先については素材や生地、副資材、デザインを、生産設備や機械はミシンやアイロン、検針器などをどのように調達しているのか、販売先は生産された衣服やアパレルの完成品をどの市場や企業に向けて販売しているのかということを検討している。

⒄　工業用ミシンなど機械そのものの品質や性能に加え、技術指導の観点も影響する。

⒅　G社はB社と親会社が同じである。先にタイ拠点であるB社が設立され、その後事業の拡大に伴ってラオス拠点のG社が設立されている。この2社の関係は強く、様々な面で補完関係にある。ここでG社のタイ調達が多いのはB社との取引である。

⒆　つまり、日本市場向けに関してみると、これらの東南アジア諸国（特に、ベトナム、ラオス）において、日本企業は原材料を中国を含めた日本から輸入し、完成品を日本に輸出する「日本への持ち帰り輸出」を行っている。既に指摘したように、今日の中国ではこの持ち帰り輸出形態から現地調達・現地販売への変化が見られるが、これら東南アジア諸国では1990年代から2000年代初めにかけて日本企業が中国で行っていたことを今現在行っている（すなわち、「チャイナプラス・ワン」による生産シフトが起きている）と考えられる。

5 繊維・アパレル産業から見た日本企業の東南アジア諸国におけるバリューチェーン

　ここまで、統計データとヒアリング調査結果を整理分析し、立地の視点で日本企業の中国や東南アジア諸国での立地実態を把握、近年の立地の変化やこれまでの立地行動を検討してきた。日本企業の海外立地においては、産業全体で見てもアジアは重要な地域であるが、本章の対象である繊維・アパレル産業にとってはより一層重要な地域であると言える。なかでも、中国の役割は非常に大きいが、2000年代半ば以降、生産拠点としては成熟しつつ販売市場としての魅力を高めて、その立地の内容に変化が見られた。

　そうしたなかで、アジアにおけるもう一つの重要な立地場所である東南アジア諸国（ASEAN10）は、1960年代から1980年代にかけて日本企業の川上の糸や川中の布メーカーなど、製造業を中心としたASEAN中心国への立地とそれによるバリューチェーン形成の歴史を有し、2000年代以降から近年ではASEAN中心国への非製造業の立地や、ベトナム、カンボジア、ラオス、ミャンマーといった周辺国への川下の衣服・アパレル製造業の立地という新たな動きも見られた。

　また、これまでのヒアリング調査における検討から、日本の繊維・アパレル産業のアジア地域（特に、東南アジア諸国）におけるバリューチェーンは**図表2－9**のように整理できる。

　すなわち、仕向け先・市場がどこであるのか（日本か現地か）によりバリューチェーンの中身には違いがあり[20]、端的には共通する生産設備・機械以外、日本市場には日本に、現地市場には現地に合わせた素材や部品、デザインの最適な調達を行っているということである。その背景には、日本や中国のもつ関連支援産業（生産背景）の影響力は依然大きいものの、これまで日本企業が東南アジア各国で構築してきたバリューチェーンとともに、現地の裾野産業も少しずつ成長してきていることが考えられる。こうしたなかで日本企業は、アジア各国の生産現場（縫製工場など）に日本式の生産方式を持ち込み、検品・検針の徹底、5Sや従業員の教育・研修など、安全で安心できる日本品質のモノ

図表2－9　日本企業の東南アジア諸国におけるバリューチェーン

調達先				
第三国	日本	現地		販売先
		素 > デ > 副 > 縫	現地	
生産設備・機械 →				
素材・生地 >	デザイン >	副資材 >	縫製 >	配送 >
生産設備・機械 →			日本	

注：第三国は、主として中国のこと。現地販売では、主にタイを想定している。
出所：筆者作成。

づくりを行っている。

　今日のように、アジア諸国の経済発展が進んで各国市場が成長するなかで、現地調達を行ったり、現地市場を開拓して市場に合わせて適応することは、今後も日本企業が取り組まねばならない重要な課題であろう。一方で、各社がアジア各国で培ってきた日本式の品質管理や現場の教育・研修は、これまで日本企業が世界で認められてきた価値を根本で支えるものだと考えられる。こうした厳しい品質管理や教育などの日本的な経営をどこまで徹底しながら生産効率を上げていけるのかは、その国の国民性や現地での各企業の操業経験ともかかわってくる。しかし、アジアでの厳しい競争環境のなかにありながら、これまで日本企業が地道に行ってきたことを今後も続けていくことが、日本企業が将来につなげなければならないバリューであり、DNAであると言えよう。

　本章での検討から、日本の繊維・アパレル企業のバリューチェーンやDNAについて、ある一定の成果を得ることができた。ただし、ここまでに調査できたのがベトナムを中心にタイ、ラオスといった東南アジア諸国であったため、本章ではそうした東南アジア諸国における日本企業のバリューチェーンの検討が中心となった。しかし、繊維・アパレル産業においては、統計データが示す

---

[20]　調査企業の多くは、販売先（仕向け先・市場）が日本か現地市場であり、第三国向けについては検討できていない。今後の検討課題としたい。

ように中国の存在感や位置づけが依然大きい。このため、中国国内における現地企業も含めたバリューチェーン、中国を含めた東南アジア諸国のバリューチェーンの検討も必要である。また、ファッション業界においては日本市場との距離の近さから韓国との結び付きも強い。したがって、韓国を含めた台湾などアジアNIESの視点も不可欠であろう。今後は、これらの点も踏まえながらさらなる検討を進めていきたい。

［付記］本章は、APIR研究会での議論と各年度の研究会報告書（佐藤［2013］、[2014b]）をベースに、新たなデータやこれまでの調査結果を踏まえて大幅な改変を加えたものである。

参考文献一覧

- 宇根義己［2006］「タイにおける日系自動車産業の外延的拡大とその集積構造」、経済地理学年報52（3）113～137ページ。
- 外務省ホームページ、http://www.mofa.go.jp、2014年3月7日閲覧。
- 経済産業省（各年）『海外事業活動基本調査』経済産業統計協会。
- 佐藤彰彦［2003］「日本繊維メーカーのアジア地域における立地行動分析」、『経営研究（大阪市立大学）』53（4）203～223ページ。
- ──［2005］『日本の繊維・アパレル企業のアジア地域における立地行動のダイナミズム』（博士論文）大阪市立大学大学院経営学研究科。
- ──［2011］「日本企業の生産連鎖の中国立地──繊維・アパレル生産連鎖の地理的配置と製造企業・商業企業の機能変化」『大阪産業大学経営論集』13（1）21～42ページ。
- ──［2013］「日本の繊維・アパレル企業の東アジア立地──中国立地を中心にして」、『2012年度　APIR報告書：日本企業立地先としてのアジアの魅力とリスク』（アジア太平洋研究所）15～28ページ。
- ──［2014a］「タイにおける日本企業の立地要因についての一考察──調査企業の立地要因分析を中心として」（出水力編『産研叢書37　アセアンと南米に進出した日系企業の経営と技術の移転』大阪産業大学産業研究所所収）43～52ページ。
- ──［2014b］「日本の繊維・アパレル企業の東南アジア立地に関する一考察」、

『2013年度　APIR報告書：日本企業のアジア立地とサプライチェーン』（アジア太平洋研究所）19〜28ページ。
・──［2014c］「日本の多国籍企業のラオス立地に関する一考察──繊維・アパレル企業のタイ、ラオスへの立地展開」『大阪産業大学経営論集』16（１）37〜54ページ。
・鈴木洋太郎・桜井靖久・佐藤彰彦［2005］『多国籍企業の立地論』原書房。
・繊研新聞社編集局［2012］『最新《業界の常識》よくわかるアパレル業界』日本実業出版社。
・東洋経済新報社編［各年］『海外進出企業総覧（各年版）』東洋経済新報社。
・トラン・ヴァン・トゥ［1985］「日本企業の東南アジアでの系列化──合繊工業のケース：1960-1980」、日本経済研究センター『日本経済研究』（14）47〜73ページ。
・日本アセアンセンター・ホームページ、http://www.asean.or.jp、2014年３月７日閲覧。
・日本経営史研究所編［1997］『東レ70年史』東レ。
・日本経済新聞「『新興メコン』消費争奪」2014年３月７日付朝刊。
・日本経済新聞「ベトナム、縫製の好適地」2014年11月22日付朝刊。
・M．E．ポーター［1985］（土岐坤ほか訳）『競争優位の戦略』ダイヤモンド社。
・Dicken, P., [1998] Global Shift: Transforming the World Economy ,Third Edition: The Guilford Press（P. ディッケン著、宮町良広監訳『グローバル・シフト──変容する世界経済地図（上・下）』古今書院、2001年）

第3章
電機産業のアジア立地とバリューチェーンのダイナミズム

1　日本の電機産業の退潮傾向

　日本の製造業は、1985年のプラザ合意を契機として海外進出が本格的に始まった。また、バブル経済崩壊以降は、国内市場の停滞やアジア諸国の成長に伴ってその動きを加速させ、日本とアジアにおいて国際的な分業体制を構築してきた。そのなかでも電機産業は、プラザ合意以前から海外進出に特に積極的であった。

　当時は、技術的に高度な生産工程を日本で行い、組立などの労働集約的な生産工程を途上国で行って現地で販売するというKD（ノックダウン）生産をしていたが、その後は現地の低コストを活かしてグローバルに輸出するという工程間分業を行っていくようになった[1]。そして、バブル崩壊以降は、高付加価値な新製品を日本で、標準化製品を途上国で生産するという製品間分業など、国際的な分業は高度に複雑化していた。しかし、電機産業の近年の退潮傾向は、明らかにこれまでの動きとは異なっている。

　貿易統計を見てみよう。製造業全体で、2011年に2兆5,000億円の赤字に転落して以降、2012年には約7兆円、2013年には11兆4,000億円と赤字が年々増

---
(1)　桜井［2001］・［2002］参照。

図表3－1　電機製品の貿易収支

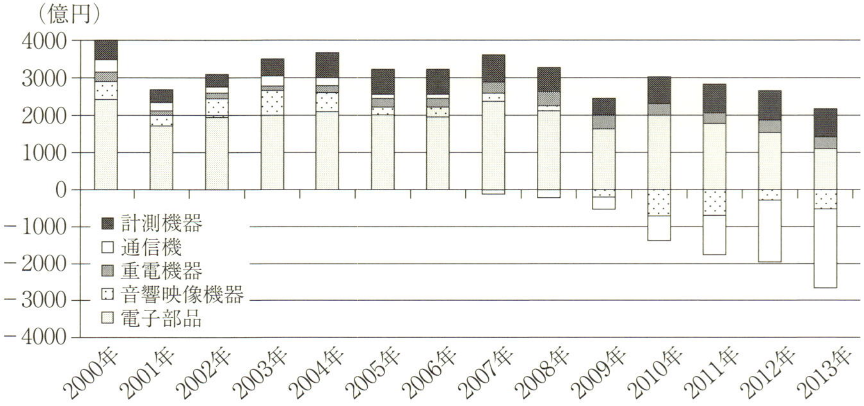

（億円）縦軸、凡例：計測機器、通信機、重電機器、音響映像機器、電子部品。横軸：2000年～2013年。

出所：財務省『貿易統計』より作成。

加してきている。産業分類別の貿易収支を見れば分かるように、石油や天然ガスが含まれる鉱物性燃料の貿易赤字が25兆円と大きく増大していることが原因と見られる。これは、原発事故の影響によって発電のための化石燃料の輸入量が増大していることに加えて、円安によって輸入価格が高騰しているからである。

一方、2007年には40兆円近くあった製造業の貿易黒字は、リーマンショック後の2009年には21兆2,000億円まで減少し、2013年も23兆7,000億円と回復の兆しが見られない。このことは、輸送機械や一般機械では黒字額が2007年比で70％以上に回復しているにもかかわらず、電機製品の貿易黒字額が80％近くも減少していることが原因である。つまり、日本の貿易赤字の原因は、石油や天然ガスの貿易赤字が増えたことに加えて、電機製品の貿易黒字が減少していることにあると考えられる。

そこで、電機産業の製品別の貿易収支（**図表3－1参照**）を見ると、2013年は携帯電話などの通信機器や、テレビなどの音響映像機器が貿易赤字に陥っている。特に、携帯電話は2兆1,000億円もの大幅な赤字になっている。一方、貿易黒字は約22兆円で、計測器や重電機器と並んで約半分の約11兆円が電子部

品で占められている。この結果から、国内生産した部品を輸出して完成品を輸入していることを踏まえて、工程間分業を行っていることが分かる。

しかし、通信機器や音響映像機器が貿易赤字になったのは、それぞれ2007年と2009年からである。それまでは、どちらの製品も貿易収支は黒字であったため、完成品の輸出も結構多かった。つまり、2007年までは、日本の電機産業の国際分業は、工程間分業だけでなく製品間分業も行われており、日本からの輸出も多かったということである。

このような通信機器と音響映像機器の貿易赤字の原因は、通信機器は携帯電話（特に、スマートフォン）の輸入であり、音響映像機器はテレビにおける韓国・中国メーカーの台頭である。スマートフォンで言えば、アメリカ企業であるアップル社や韓国メーカーのサムソン社など、日本企業以外の製品が増えたことが原因である。こうした製品は海外で生産して日本に輸入しているため、大幅な貿易赤字になったと考えられる。

また、テレビでは、サムソンやLGなどの韓国メーカーが、高付加価値製品で日本企業の製品と競合するようにもなっている。その結果、グローバル市場では、これまで日本から輸出していた製品が競争力を失ったために輸出が減ったわけである。

このように、近年の電機産業における貿易構造の変化は、日本企業がグローバルに工程や製品を配置してきたダイナミズムの結果ではなく、市場の変化に日本企業が対応できなかったこと、そして韓国や中国メーカーが成長し、新しい競争相手として登場したことによることが大きいのである。

2 電機産業における日本企業のバリューチェーン

前節では、電機産業のアジアにおける生産工程の配置は大きく変化せず、市場ニーズの変化や外国企業の台頭に日系電機メーカーが衰退している原因を求めた。その証拠として、電機産業の現地販売比率や現地調達比率は大きく変化していないことが挙げられる。例えば、**図表3－2**を見ると、2000年と2011年

図表3-2　2000年と2011年における電機産業の販売先・調達先の変化

		日本へ輸出 日本から輸入			現地販売 現地調達			第三国へ輸出 第三国から輸入		
全地域	販売	17%	⇒	26%	57%	⇒	52%	26%	⇒	22%
	調達	46%	⇒	40%	30%	⇒	36%	24%	⇒	24%
アジア	販売	32%	⇒	36%	33%	⇒	39%	35%	⇒	25%
	調達	39%	⇒	35%	32%	⇒	42%	29%	⇒	23%
中国	販売	32%	⇒	41%	38%	⇒	38%	30%	⇒	21%
	調達	32%	⇒	35%	31%	⇒	45%	37%	⇒	20%
ASEAN 4	販売	38%	⇒	37%	19%	⇒	36%	42%	⇒	27%
	調達	37%	⇒	32%	34%	⇒	45%	29%	⇒	23%

注：ASEAN 4 は、タイ、マレーシア、インドネシア、フィリピンの4か国
　　数値は電気機械と情報通信の合計。
出所：経済産業省『海外事業活動基本調査』、2013年、2003年より作成。

の現地調達比率や現地販売比率に大きな差は見られない。

　ASEAN では第三国輸出が減り、現地販売比率が上昇したほかは10％以内の変化しかない。しかし、製造業全体では、アジアにおける現地販売比率・調達比率は高まっている。アジア全体の現地販売比率は2000年に47％だったものが、2011年には61％に上昇している。中国と ASEAN でも、それぞれ46％から65％へ、37％から57％へ上昇している。また、現地調達比率も同様に、アジア全体では41％から60％へ、中国が40％から62％、ASEAN が41％から61％と上昇している。他の製造業に比べると、電機産業ではまだアジアの市場開拓が十分に進んでいないとも考えられる。

　なお、製造業において製品を生産する際に、部品や原材料の調達についてマネジメントすることを「サプライチェーンマネジメント」と言っている。その内容は、完成品を生産するために必要な部品をどこから調達するのかという直接の取引関係だけでなく、その部品を生産するために必要な部品がどこから調達されているのか、またその原材料はどこから来ているのかを把握し、そうしたルートにおいて何らかの問題が起こっても対応できるようにリスクヘッジの役割も果たすこと、となっている。

図表3－3　電機産業におけるバリューチェーンの形態

（1）一般化したバリューチェーン

（2）電機産業における日本の完成品メーカー

（3）電機産業における日本の電子部品メーカー

出所：筆者作成。

　こうしたサプライチェーンという概念は、近年、最も注目を集めている。電機産業では、過去に東日本大震災やタイの大洪水によって、部品供給に問題が起きたこともその一因である。こうしたサプライチェーンは、そこから価値（バリュー）が生まれているという観点から「バリューチェーン」と呼ぶこともできる。

　とはいえ、電機産業のバリューチェーンは他の製造業とは事情が異なる。例えば、**図表3－3**の（1）ように、原材料から各部品を経て、完成品になるまでの各プロセスがそれぞれ独立した企業が担っている場合、それぞれの取引は市場原理に基づいて決定されている。また、日本の場合、この結び付きが「日本的取引慣行」として市場原理とは異なった慣習をこれまでもっていた[2]。

　しかし、電機産業の場合は、こうした部品生産と完成品生産の棲み分けが明確ではない。例えば、電機産業における重要部品である半導体やパネルは、主要な完成品メーカーであるパナソニック、ソニー、シャープなどの家電メーカ

---

[2]　伊藤［1993］参照。

一、三菱電機、日立製作所、東芝などの重電メーカー、NECや富士通のような通信機器メーカーでも生産している。

一方、主要な電子部品メーカーを見ると、村田製作所、京セラ、日本電産、TDK、日東電工、アルプス電気などで半導体や情報端末用部品、通信用部品のような電子部品、電子デバイスを生産している。そのため、日本の電子部品メーカーは、日本の完成品メーカーに供給する一方で韓国や中国・台湾メーカーにも部品を供給しており、日本企業間の取引によるバリューチェーンと明確に区別できない（**図表3-3**の（2）（3）を参照）。

そのため本章においては、日本の電機産業から完成品メーカーだけを対象とし、バリューチェーンにおける下流方向である流通、販売に着目して考察する。特に、完成品メーカーは垂直的統合が高いので、部品の調達において内部化している部分が大きい。また、製造業においては、これまでバリューチェーンを考える時に下流方向への関心があまり向けられてこなかったという理由もあり、下流方向である流通や販売に関するアジアへの立地展開がどのような役割をもっているのかを明らかにすることには意義がある。そうした、アジアでの立地展開と現地法人の役割や、日本の電機産業におけるバリューチェーンの日本的な特徴からアジアにおける市場開拓や競争優位性を探りたい。

3 電機産業における日本企業のアジア立地の現状

（1）電機産業のアジアにおける現地法人の分布と推移

電機産業における日本企業の海外投資額は[3]、2013年までに世界全体の累計で約9兆9,574億円、アジアでは3兆9,128億円に及び、約40％を占めている。また、アジアのなかでも中国が1兆5,044億円と最も多く、2位のタイの5,757億円、3位の台湾の3,821億円と比べても突出しているが、ASEAN全体の合計は1兆3,681億円[4]と中国に匹敵する金額となっている。

次に、2010年における日系電機産業の海外現地法人の分布状況を見ると、ア

ジアは2,455社で、そのうち中国など東アジアに1,460社、ASEAN に826社、合計2,286社とこの地域に集中している。国別では、中国の905社が最も多く、香港の243社、タイの205社と比較しても中国が突出している。しかし、海外直接投資額と同様に ASEAN と比較すれば中国との差は大きくない。

その他の国では、韓国の135社、台湾の177社、シンガポールの203社、マレーシアの163社が多く、フィリピン79社、インドネシア90社、ベトナム84社と続いている。また、ミャンマーとラオスには合わせて3社が進出している。

さらに、進出時期を時系列に見ると、1980年までは香港、台湾、韓国、シンガポールの「アジア NIES」と呼ばれる4か国への進出が多い。1980年以降では、タイ、マレーシア、インドネシア、フィリピンの「ASEAN 4」と呼ばれる地域への進出が増加していく。計画経済から市場経済へ移行した中国やベトナムへの進出が増加するのは、1990年代以降のことである。

次に、現地法人を機能別に分類し、その分布と時系列変化を見てみる。**図表3－4**は、2010年のアジアにある現地法人の分布を、製造現地法人と非製造現地法人の割合別に示している。これを見ると、東アジアでは韓国、台湾、香港では非製造現地法人の割合が多く、製造現地法人が半数を超えているのは中国だけである。アジアにおいて、中国が製造拠点としての意味が大きいことが分かる。

一方、ASEAN ではシンガポールが非製造現地法人の割合が大きいが、それ以外の国は製造現地法人の割合が大きく、ASEAN 全体も製造拠点としての意味が大きい。しかし、タイやマレーシアの非製造現地法人の割合は、他の東南アジア諸国と比べて大きくなりつつある。

さらに、中国を除く東アジア（韓国・台湾・香港）、ASEAN、中国のそれぞれの海外現地法人の進出を時系列に見ると、**図表3－5**のように製造現地法人と非製造現地法人の進出推移が分かる。中国を除く東アジアは1970年代までは製造現地法人の割合が大きかったが、1980年以降は非製造現地法人が増え、

---

(3) 日本銀行「国際収支統計」（https://www.boj.or.jp/statistics/br/bop/index.htm/）。
(4) シンガポール、タイ、インドネシア、マレーシア、フィリピン、ベトナムの合計。

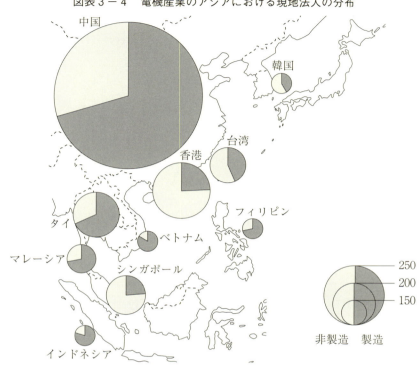

図表3－4　電機産業のアジアにおける現地法人の分布

出所：東洋経済新報社［2011］『海外進出企業総覧2010年CDROM版』より作成。

その差は1990年代に拡大している。その一方で、ASEANは1980年代までは製造現地法人の割合が圧倒的に大きかったが、1990年代にその差が縮まり始め、2000年代にはほぼ同じ割合になっている。特に、タイは1990年代に非製造現地法人の割合が大きくなった。最後に、中国では、1990年代に製造現地法人の進出が圧倒的な数で始まったが、2000年代には急激に非製造現地法人を増やしつつある。

　このように、日系電機産業のアジアへの進出は、時期によって進出先の国・地域が異なるし、また製造現地法人か非製造現地法人でも異なっている。以下では、非製造現地法人の進出についてさらに詳細に見ていくことにする。

図表3−5 アジアにおける現地法人の地域別推移

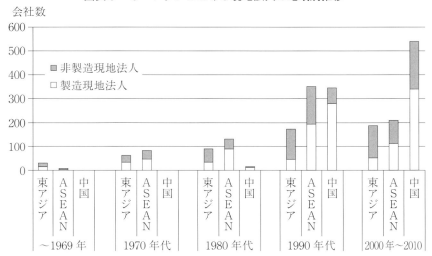

出所:図表3−4と同じ。

(2) アジアの非製造現地法人の分布と推移

　電機産業の非製造現地法人は、販売・マーケティング、研究開発、(地域)統括、情報システム・ソフトウェア開発、金融サービス、その他に分類することができる。**図表3−6**を見ると、販売・マーケティング現地法人はそれぞれの地域で均等に分布している。アジア全体が、製造拠点だけでなく市場開拓のための拠点としての重要性が増していることがうかがえる。

　ちなみに、中国では研究開発を担当する現地法人が突出して多いわけだが、その理由は、日本の電機産業は歴史的に製造拠点と研究所との地理的な近接性があるためと考えられる。このことは、中国を除く東アジアやASEANにおける製造機能の役割が低下する一方で、中国の製造拠点としての重要性が非常に高いことを示している。なお、最近では家庭用電機製品でもデジタル化が進んでいるため、ソフトウェアの開発を人件費の安い地域で行われる傾向が見られる。

図表3－6　非製造現地法人の機能別進出数

	販売	R&D	統括	情報	金融	その他	合計
東アジア	254	0	0	14	2	9	279
ASEAN	255	8	24	11	9	13	320
中国	269	191	15	18	30	3	526

出所：図表3－4と同じ。

　また、シンガポールでは統括現地法人と金融サービスの現地法人が多い。特に、統括現地法人は17社と集中している。その一方で、中国を除く東アジアには統括現地法人が存在しないため、韓国・台湾・香港のコントロールは日本や中国、統括現地法人が15社の中国やASEANは現地で行われていることがうかがえる。

　そのASEANでは、研究開発がインドネシア以外の国にはある一方で、インドネシアとフィリピンには販売現地法人が少ない。この両国は、製造拠点としての役割がまだ高く、タイやマレーシアでは市場としての意味が大きくなりつつあると考えられる。ただベトナムは、製造拠点としての役割が今後大きくなれば、研究開発の現地法人が増えていくと予想される。

（3）アジアにおけるバリューチェーンによる価値の創造

　以上のように、日本の電機産業の立地展開を見ると、中国やASEANを中心に製造現地法人が展開し、市場の成長に従って販売・マーケティング現地法人が立地してきた。その結果、調達から製造を経て販売までの一連のバリューチェーンは、事業拠点配置の観点からすでに存在していると言える。ただし、個々の取引であるチェーンの部分は、具体的なつながりをどのようにもっているのかについては事業拠点の配置だけでは分からない。

　また、日系電機の完成品メーカーについて言えば、部品製造など上流方向に対しては垂直的統合の程度が高い。つまり、内部化した取引であるため、そのつながりの形は自ら決定することができる。そこで、次節以降では、バリュー

チェーンの下流方向である流通や販売に対してどのようなチェーンをもって、さらにそこからどのようなバリューを生んでいるのかを考察する。

4　ASEANにおける電機製品市場の実態

（1）マーケットとしてのASEAN

　ASEANは、2015年末の経済統合（ASEAN経済共同体）に向けて、関税の撤廃や共通のルールづくりなどを行っている。統合すれば、人口が約6億人、GDPが約2兆4,000億ドル（2013年のデータ）の巨大市場ができる。同時期の中国が約12億人で約1兆ドルであるので、単一市場と見なせばASEANのほうが市場としても魅力的である。しかし、ASEANは国ごとの違いが大きい。

　2013年におけるGDPを見ると[5]、インドネシアの8,703億ドルから、タイの3,872億ドル、マレーシアの3,124億ドル、シンガポールの2,957億ドルと続いている。一方、一人当たりGDPで見ると、シンガポールの5万4,776ドル、ブルネイの3万9,943ドル、マレーシアの1万548ドル、タイの5,674ドル、インドネシアの3,510ドルと、ASEANの国ごとの差は大きい。日系電機メーカーの立地展開が多いベトナムも、GDPが1,878億ドル、一人当たりGDPが2,073ドルである。

　電機製品の生産状況は[6]、2013年の世界の電子機器の生産額は248兆4,223億円で、そのうち日系企業の生産額は38兆7,864億円となっている。また、日本国内での生産額は11兆4,187億円で6.7％を占めているが、その他では中国が34.7％、アジア太平洋が28.4％、南北アメリカが16.5％、欧州が13.7％という割合で、アジアで約7割を占めている。一方、電機製品の需要を見ると、日本が7.5％、中国が21.7％、アジア太平洋が15.0％、南北アメリカが30.3％、欧州が

---

(5)　IMF「World Economic Outlook Databases」。
(6)　電子情報技術産業協会［2013］。

25.4％と、約半分がアジアで消費されている。

また、分野別の需要比率を見ると、電子機器が日本6.1％、中国20.2％、アジア太平洋14.5％、南北アメリカ29.8％、欧州29.4％、電子部品が日本10.0％、中国38.7％、アジア太平洋25.8％、南北アメリカ14.8％、欧州10.7％、ITソリューションサービスが日本7.8％、中国8.3％、アジア太平洋5.8％、南北アメリカ45.9％、欧州32.2％となっている。

さらに、2011年の白物家電の需要[7]は、エアコンの出荷台数が日本の828万台に対して、中国が3,485万台、ASEANが441万台、冷蔵庫が日本428万台、中国1,552万台、ASEAN651万台、洗濯機が日本492万台、中国2,070万台、ASEAN580万台、掃除機が、日本528万台、中国419万台、111万台、電子レンジが日本331万台、中国839万台、ASEAN157万台となっている。

アジアの電機製品の市場は、世界全体から見ると、電機製品生産が盛んであるために需要が大きい電子部品以外は電機製品の需要はまだ大きくない。さらに、アジアの中でも中国の電機製品の需要が大きく、ASEANはまだ小さい。しかし、今後の経済成長によっては、中国以上の市場に成長する潜在性をもっている。そのため、ASEANの電機製品の小売市場の実態と、日系電機メーカーの戦略について考察する。

（2） ASEANの電機製品小売市場の実態

本節では、各国における家電製品の小売の実態を明らかにしていくわけだが[8]、考察対象にしている日本の電機産業はメーカーであるため、一般消費者に直接販売することはない。そのため、現地の流通業者や小売業者を通して自社製品を市場で販売している。また、家電製品における流通や小売の形態は各国において大きく異なっていることも留意しなければならない[9]。

①シンガポール

シンガポールでは、家電製品の多くが家電量販店で購入されている。日本企業では、ベスト電器が進出しているが、ほかにもオーストラリア資本の量販店

が進出している。日本と大きく異なる点は、エアコンの販売については、ほとんどが専売店で行われていることである。この理由は、シンガポールの気候が常夏であるためエアコンの使用率が高いことと、空気が悪いので機械へのダメージが大きく、日本よりもメンテナンスの頻度や程度が高いためである。それに加えて、エアコンは必需品であるため、建物所有者が設置している場合が多い。その結果、メンテナンスが重要であるため、消費者はアフターサービスが充実している専売店で購入する傾向が高くなっている。

一つのビルの中で、フロアごとに専門の小売店が集積している（タイのバンコク）

②タイ

　タイでは小売業・卸売業に対する外資規制があり、ローカル資本が50％以上必要である。そのため、日本の電機メーカーは現地資本との合弁で販売会社（販売・マーケティング現地法人）を設立していることが多い。そのなかで家電販売は、バンコクのような大都市で特に成長が著しく、販売シェアも大きくなりつつある。また、日本の秋葉原のような専門小売店舗の集積地も存在しており（上掲写真参照）、価格や品揃えで競争力をもっている。とはいえ、小規模な小売店舗がまだ多く存在している。

---

(7) 日本電気工業会［2013］。
(8) 本稿では、2013年と2014年に行ったヒアリング調査を基にしている。シンガポール、タイ・バンコク、インドネシア・ジャカルタ、ベトナム・ハノイ、ホーチミンで調査を行った。
(9) 各国の規制は2013年度末の状況。

道路に面している大きさで税金が決まるため、間口が非常に狭い（ベトナムのハノイ）

③ベトナム

　ベトナムの小売業に対する外資規制は2009年に撤廃されたが、まだ外資が取り扱えない品目もある。また、複数店舗を展開するためには2店舗目から審査があり、許可制となっている。

　家電販売を見ると、都市部では家電量販店もあるが、シェアは高くない。また、すべての量販店はローカル資本の企業である。ほとんどの消費者は、小規模な小売店で購入している。こうした小規模小売店は、都市部では業種ごとに集積していることが多い。通りに面しているが間口は狭く、密集して営業している（上掲写真参照）。

　また、地方への流通はローカル企業が担っているのだが、こうした業者はもともと社会主義時代の配給制度を担っていた業者である。また、地域・製品ごとに卸業者が存在しているが、卸業者間のネットワークで商品を融通しあって

いるため、メーカーまで実需の情報が分からないという問題を抱えている。そのため、他の国とは異なり、ベトナムでは小売企業よりも流通・卸企業との関係性を深くできるかどうかが重要となっている。

ベトナム北部は、東南アジアで唯一、暖房が使われている地域である。そのため、エアコンも暖房機能付きのものを販売している。加えて、電力問題や粗悪品・密輸品を排除するために環境規制（エコラベルの義務付け）が導入されており、小売や流通に制約が多くなっている。

④インドネシアにおける電機製品の小売の実態

インドネシアの小売業は、外資規制を定めたネガティブリストに記載されているため、例外を除いて外資の参入は認められていない。ただし、流通については外資の参入が認められている。しかし、電機製品の流通は、都市ごとにローカルの独占企業が存在していることが多いため、その企業を通じてしか販売できない場合がある。これは、東西の距離が5,000kmに及ぶほか、島嶼や山岳地域が多いために商品の流通が非常に困難であるからだ。また、こうした地理的な要因は、販売・マーケティング現地法人の活動も制約している。

小売方法は、ASEANのなかでも最も特殊なものと言える。インドネシアは電力事情が悪いため、各家庭の電気使用量の上限によって基本料金が定められている。そのため、高所得者以外の消費者は、家庭で使用できる総電力量に制約があるので、電機製品を購入する際には、その家庭で使用可能な電力量と電機製品の消費電力の合計を比較しながら購入する必要がある。それがゆえに、電機製品の販売店では、各電機製品の消費電力を必ず明記している。こうした販売店には家電量販店も存在しているが、小規模な小売店のシェアのほうが大きい。

5 日本の電機メーカーのASEANにおける戦略
――販売・マーケティング現地法人の役割

販売・マーケティング現地法人の各国における役割で最も重要な点は、販売

責任を負うことである。そのため、現地法人は現地市場で受け入れてもらうためにどのような戦略を立て、どのような行動をとっているのかを考察する。

ASEAN は国によって規制や流通ルート・小売形態も大きく異なっているだけでなく、地域によって言葉が異なる場合も多い。そのため、現地の言葉、文化、風習、ビジネス習慣に精通しているだけでなく、それぞれの地域ごとの違いや適切な取引先の選択を行うことができるスタッフが必要となる。こうしたスタッフは、ASEAN のような中進国では製造現地法人の労働者と比べて学歴やスキルが高いため、都市部でしか採用することができない場合が多い。結果として、都市部で販売・マーケティング現地法人を設立し、現地の労働者を採用することが多くなる。

以下では、パナソニック株式会社（以下、パナソニック）とダイキン工業株式会社（以下、ダイキン）に対するヒアリング調査に基づいて、海外の販売・マーケティング現地法人の役割を考察する。

（1）パナソニックのケース

パナソニックは、1918年に操業した「部品から家庭用電子機器、電化製品、FA 機器、情報通信機器、および住宅関連機器などに至るまでの生産、販売、サービスを行う総合エレクトロニクスメーカー」である。2013年の売上が約7兆3,000億円、従業員は世界で約30万人に上っている[10]。

パナソニックは総合家電メーカーであるため取り扱い製品が多く、それぞれの特徴によって販売・マーケティングのやり方も異なっている。そのため、取引相手の違いによって、販売・マーケティング現地法人を分けている。こうした販売・マーケティング現地法人は、市場調査の役割も重要になっている。例えば、ASEAN は一年中暑い地域がほとんどなので、シャワーは冷水を使うが、少し肌寒い季節に便利な「電気シャワー」（ぬるいお湯が出る）をマレーシアで開発し、タイで販売しているという事例がある。また、調理家電では、調理方法の違いや嗜好の違いによる家電の現地化にも貢献している。

こうした市場のニーズを把握するために、現地での生活の調査を行い、開発

に情報をフィードバックすることが販売・マーケティング現地法人の重要な役割となっている。

　一方、市場ニーズの内部への取り込みとは反対の活動も行っている。2010年にベトナムのハノイに設立した「RisuPia Vietnam（リスーピア・ベトナム）」がそれである。この施設は、ショールームが併設された子ども向けの体験学習施設である。リスーピアは、ここ以外には日本にしかなく、数学や理科の面白さについて体験を通して学習できる施設として設立されたものである。

　こうした施設での活動は、自社のイメージを高めるためだけでなく、潜在的な市場開拓も期待できる。ベトナムは、経済的にはASEANのなかでも後進国であるが、教育熱心な国民性でもあり、教育水準や識字率は非常に高い。そのため、こうした施設を体験したベトナムの子どもたちが成長すれば、パナソニックの先端技術や製品への理解が深まり、自社製品の市場拡大につながると考えられる。このように、パナソニックは「市場を教育する」ことで新たな価値を創造している企業と言える。

（2）ダイキンのケース

　1924年に創業したダイキンは、空調機・冷凍機の製造販売を行っている。2013年の売上は約1兆2,000億円、従業員は約5万人に上る[11]。ダイキンは、ビルやオフィス、工場などへの業務用空調機器の分野において強みをもっているが、近年ではコンシューマー用空調機のシェアも伸ばしつつある。これを支えているのがインバーター技術である。

　インバーターは、温度の調整を「オン・オフ」ではなく、出力を強めたり弱めたりすることで調整する技術である。空調機は運転開始時が最も消費電力が大きくなるので、インバーター技術によって省エネが実現できる。このインバ

---

[10]　「パナソニック会社概要」http://panasonic.co.jp/company/info/about/（2013年3月23日）。
[11]　「ダイキン会社概要」http://www.daikin.co.jp/company/gaiyou.html（2013年3月23日）。空調機・冷凍機事業が全体の87％を占めているが、それ以外にも、フッ素樹脂などの化学製品、油圧機・装置、システム設計なども行っている。

ーター技術は真似をすることが難しく、他社との優位性の源泉となっている。

　一般的に、空調機にインバーター機能を付加することは、価格に影響するためにアジアのような中進国で普及させることは難しかった。しかし、近年では、電力供給の不足が常態化している国が多くなり、環境面よりも電力節約の面からもインバーターが注目されつつある。例えば、ベトナムでは、エアコンの環境規制によってインバーター機能が必須になった。

　こうした市場ニーズの変化による追い風はあるものの、空調機の販売には他の電機製品と異なる点がある。それは、業務用でもコンシューマー向けでも設置工事が必要となることである。そのため、設置工事のレベルが低いと、製品の品質が高くともクレームにつながったり、空調機メーカーの信頼の低下にもつながってくる。ちなみにインドネシアでは、クレームのほとんどが設置工事を原因としていた。これは日本も同じで、空調機の設置はダイキンが行うことはなく、販売店か設置専門の工事会社が行っている。

　空調機の販売にはこうした背景があるために、自社製品の市場ブランド力を高めるにおいては、こうした販売店や工事会社の技術力の向上が必要となってくる。ダイキンでは、設置工事を行う販売店や工事会社に対して技術者の育成も行っている。この取り組みは、自社製品を扱う事業者だけでなく、他社製品を扱う併売店や量販店にも呼び掛けて行われている。

　こうした工事の技術力を向上させる活動は、自社製品の品質や信頼向上だけでなく、インバーター市場の拡大を目的としたものでもある。インバーター技術は、可視的な機能ではないため販売の際に商品説明が重要になる。それゆえ、工事技術の向上とともにインバーター技術の浸透を販売店や設置工事会社に行うことでその市場が拡大し、自社の強みを活かすことでさらなる売上増につながると期待している。

　このように、販売店や設置工事業者という「市場を教育する」ことで価値を創造していると言える。

6 バリューチェーンのダイナミズムと信頼による価値創造

　ASEANにおいて韓国メーカーは、日本製品に対して価格競争を仕掛けたり、宣伝にお金を掛けたりすることで競争力の優位性を高めてきた。例えば、空港や高速道路の設備に自社製品を提供したり、家電量販店の建設に協力したり、店のスペースを購入して商品を展示したりしている。こうした活動は、まさに市場原理に基づいた企業行動であり、日系企業はコストの面からも同じ競争をすることは難しい。しかし、市場原理に基づく企業間関係は、もともと日本企業は不得手なことであった。そのため、こうした韓国メーカーや中国メーカーとは異なるバリューチェーンの構築が必要となる。

　そのためにも、これまで見てきたパナソニックやダイキンの事例が参考になる。両者ともに「市場を教育する」ことで、新しいバリューチェーンの形を提示している。このバリューチェーンは、市場との信頼に基づいて長期的な関係性を形成することができる可能性を保持している。また、日本製品の特徴からいってもこの方法が優れていると言える。

　例えば、JETROの調査[12]によると、韓国メーカーの製品（テレビの場合）の特徴は価格やデザインであり、日本メーカーの製品の場合は、品質や機能、最先端技術という点が消費者に支持されている。価格やデザインは一目瞭然であるが、品質や先端技術は見た目だけでは分からず、使用するうちに理解できるものである。そうした商品を手にとって購入してもらうためには、自社や日本というイメージに、品質がよく最先端技術であると消費者が信頼する必要がある。

　旧来までの日本的な長期に及ぶ取引慣行は、お互いに裏切ることができないという信頼のメカニズムに基づいて行われてきた。しかし、市場との信頼によるつながりは、裏切られることを前提にして形成されているものである。ここに大きな違いがある。例えば、日本企業が自社のために「市場を教育」したと

---

[12] JETRO [2011] 37～41ページ。

しても、市場はその企業に報いることがないかもしれないのだ。とはいえ、信頼されなければそこからのリターンはあり得ないし、そうしたリターンは市場からの信頼を伴ってくる。

　このように、日本の電機産業は下流方向である市場に対して、信頼に基づいたバリューチェーンを構築し、そこから価値を創造することが求められている。単純な価格競争は模倣が容易であるが、こうした長期的な信頼関係によるメカニズムを構築することは、韓国や中国企業が真似をするにはかなりの時間がかかるであろう。日本企業らしさで競争するために、こうした新しいバリューチェーンへの変化が求められると思われる。

参考文献一覧

- 伊藤元重［1993］「日本的取引慣行」『リーディングス日本の企業システム4　企業と市場』有斐閣。
- 経済産業省『海外事業活動基本調査』各年。
- 財務省『貿易統計』各年。
- 桜井靖久［2001］「電機産業の多国籍的展開——戦後から1970年代にかけての多国籍企業の発生」『経営研究』（大阪市立大学）51(4)147～161ページ。
- 桜井靖久［2002］「電気機械産業の国内立地と海外立地における関連性についての一考察」『経営研究』（大阪市立大学）53(2)143～156ページ。
- 電子情報技術産業協会『電子情報産業の世界生産見通し（2013年版）』。
- 東洋経済新報社［2011］『海外進出企業総覧　2010年 CDROM 版』。
- 日本銀行『国際収支統計』各年。
- 日本電気工業会［2013］『白物家電5品目の世界需要調査』。
- IMF『World Economic Outlook Databases』各年。
- JETRO［2011］『アジア売れ筋商品調査レポート』。

第4章
中国の自動車産業クラスターにおける日系企業のバリューチェーン

1　日系メーカーのグローバル化とバリューチェーン

　世界の自動車市場は拡大を続けている。世界の自動車販売台数は、2000年の5,657万台から2013年には8,539万台と、2,882万台もの増加を記録した[1]。この拡大の原動力は、中国、ASEAN、インドなどのアジア諸国の台頭である。2008年の金融危機による世界的な景気後退の影響によって、日本、アメリカ、EUなどの先進諸国における販売台数が低迷を続けるなか、2000年から2013年にかけて中国は1,990万台、ASEANは252万台、インドは235万台と、販売台数を大きく伸ばしている。

　その結果、2013年現在、世界の自動車市場は、アジア（3,600万台）、北米（1,900万台）、そしてEU（1,400万台）と三つのブロックが形成されることになった。2013年の1,000人当たりの販売台数を見ると、先進諸国が40台から50台に達しているのに対して、中国は16.2台、ASEANは5.7台、そしてインドは2.6台と、まだまだアジア諸国における自動車市場の成長の余地は大きい[2]。

---

[1] 国別・地域別の販売台数と生産台数は、OICA（http://www.oica.net/category/production-statistics/）を利用した。以下、同様である。
[2] 国別の人口はIMF（http://www.imf.org/external/pubs/ft/weo/2014/01/weodata/index.aspx）を利用した。

このアジア諸国の台頭にあわせて、日本の自動車メーカー（以下、日系メーカーと略記）も積極的に生産のグローバル化を進めている。**図表4－1**から分かるように、2000年から2012年にかけて、日本を除くほとんどの国において日系メーカーの生産台数は増加している。なかでも中国、タイ、そしてインドと、やはりアジア諸国における生産台数の伸びが著しい。この十数年間で日系メーカーのグローバル生産における地域別シェアはほとんど変化がないものの、国別に見ると、アジアのなかで日本のプレゼンスの低下、中国、タイ、インド、インドネシアのプレゼンスの上昇が生じていることが分かる。

一般に自動車の組立工場では、2,000点あまりの部品が組み付けられている。自動車の製造原価に占める材料費の割合は70％を超えており、自動車メーカーは、その多くを外部のサプライヤーから調達している。よって自動車メーカーの競争力は、組立工場内の生産性のみならず、多くの部品を供給しているサプライヤーたちと構築するバリューチェーン[3]全体における生産性に依存することになる。

それゆえ、アジア諸国に積極的に進出している日系メーカーは、進出先の国において「日本的」なバリューチェーンの運営方法、すなわち「日本的」なサプライヤーシステムを「適用」するとともに、現地の状況に「適応」させることで効率的なバリューチェーンを構築する必要に迫られている。

これに対して、日本のサプライヤー（以下、日系サプライヤーと略記）も、サプライヤーシステムに関する問題に直面している。日本における自動車の生産台数は、1990年の1,349万台をピークに基本的には右肩下がりに推移しており、2012年現在、983万台にまで減少している。日系メーカーが生産のグローバル化を進めるなか、この傾向は今後も継続すると考えられる。それゆえ日系サプライヤーも、新たな販路を確保するため、生産のグローバル化またはアジア展開を進める必要に迫られているのである。そこで重要となるのが、日系メーカーによって現地風にアレンジされたサプライヤーシステムに適応すること、または海外メーカーのサプライヤーシステムに適応することである。しかしながら、「日本的」なサプライヤーシステムに慣れた日系サプライヤーにとって、現地のそれに適応することは簡単なことではない。

図表4－1　日系メーカーのグローバル生産の変化（2000～2012年）

（万台）

地域・国名	2000年	%	2012年	%	増減台数
アジア	1,179	71.8	1,833	71.5	655
日本	1,014	61.8	983	38.3	－31
中国	10	0.6	301	11.8	291
タイ	31	1.9	203	7.9	172
インドネシア	26	1.6	100	3.9	74
マレーシア	20	1.2	30	1.2	10
フィリピン	4	0.2	6	0.2	2
インド	39	2.4	165	6.5	126
アジアその他	35	2.1	44	1.7	9
北米	334	20.3	506	19.7	172
アメリカ	249	15.2	332	13.0	83
カナダ	51	3.1	93	3.6	42
メキシコ	33	2.0	80	3.1	47
中南米	7	0.4	43	1.7	36
ブラジル	4	0.2	29	1.1	25
アルゼンチン	2	0.1	10	0.4	8
中南米その他	2	0.1	4	0.2	3
欧州	95	5.8	148	5.8	53
イギリス	57	3.5	79	3.1	21
フランス	0	0.0	20	0.8	20
スペイン	17	1.0	14	0.6	－2
ハンガリー	8	0.5	16	0.6	8
トルコ	4	0.2	10	0.4	6
チェコ	0	0.0	7	0.3	7
欧州その他	10	0.6	2	0.1	－8
その他	27	1.7	35	1.4	8
世界計	1,642	100.0	2,565	100.0	923

出所：OICAのホームページ（http://www.oica.net/category/production-statistics/）より。

---

(3) バリューチェーンについては、本書第1章を参照のこと。

よって本章では、日系メーカーのグローバル展開の中心となっているアジア諸国のなかでも、特に中国内陸部に位置する自動車産業クラスターである吉林省長春市を対象として、そこに進出する日系サプライヤーの直面する現地のサプライヤーシステムへの適応問題を明らかにする。

2 日系企業の中国への進出動向

自動車産業においても、中国は世界の市場であるとともに世界の工場でもある。中国の生産は、2001年末のWTO加盟を契機として生産台数の増加に弾みがつき、2009年から実施された政府によるマイカー消費刺激策（排気量1.6L以下の乗用車の購置税の引き下げ）によって爆発的に拡大した。2000年、207万台にすぎなかった中国の生産台数は、2013年には、2位の米国（1,033万台）や3位の日本（994万台）の2倍以上の2,212万台、世界シェアの25％を占めるに至っている。

この世界最大の生産を担っているのは、巨大な企業集団である。例えば、最も規模の大きな上海汽車集団は、傘下に自動車メーカー10社と、数多くの部品、物流・貿易、研究開発、販売、自動車金融を担当する企業を収めている。集団レベルで見ると、2012年、自動車集団の上位5社の中国国内での生産台数は、上海汽車集団が448万台、東風汽車集団が308万台、第一汽車集団が266万台、長安汽車集団が193万台、北京汽車集団が167万台となっている。日本における同様の数字を確認すると、トヨタグループが442万台、日産グループが115万台、スズキが106万台、ホンダが103万台、そしてマツダが85万台であり、中国の企業集団の生産規模は非常に大きいことが分かる[4]。

しかしながら、中国の企業集団は、その生産の大部分を外資とのジョイントベンチャーによって設立された自動車メーカーに依存している。例えば、上海汽車集団は上海フォルクスワーゲンや上海GM、東風汽車集団は東風日産乗用車や東風ホンダ、第一汽車集団は一汽フォルクスワーゲンや天津一汽トヨタなどである。というのも、中国には外国の自動車メーカーの単独での自動車の生

産を禁止する規制が存在する。この規制を利用して、中国の企業集団は外国の自動車メーカーの資金や技術を求めて、彼らとジョイントベンチャー契約を結び、外資系ブランド車を中心に生産を拡大させてきたのである。

統計の関係上、数字の取れる基本型乗用車（SUVとMPVを含まない）の販売台数で確認すると、2012年の乗用車の販売台数1,075万台のうち約770万台（58％：販売シェア、以下同様）は外資系ブランド車である。そのうち、日本車の販売台数は254万台（16％）と、ドイツ車の286万台（19％）に次いで第2位となっており、中国における日系メーカーのプレゼンスの高さが分かる。ちなみに第3位以下は、アメリカ車が181万台（12％）、韓国車が134万台（9％）、フランス車が44万台（3％）の順となっている[5]。

次に、中国における日系メーカーの進出先を確認しよう。まず、**図表4-2**から中国における自動車生産の地理的な分布を確認すると、生産台数で見た上位5社の企業集団の本社の存在する本拠地を中心に、地理的に分散して配置していることが分かる。

具体的に省・直轄市のレベルで見ると、上海汽車集団の上海市（202万台）、東風汽車の湖北省（119万台）、第一汽車集団の吉林省（156万台）、長安汽車集団の重慶市（191万台）、そして北京汽車集団の北京市（166万台）となっている。このほかにも、広汽汽車集団の本拠地である広東省（139万台）や上海汽車集団に所属する商用ミニバン・メーカーである上海GM五菱の立地する広西壮族自治区（167万台）が一大生産拠点となっている。

上述したように、中国では一部の例外を除き、外資系の自動車メーカーが単独でクルマを生産することはできない。それゆえ、日系メーカーは最適な立地を検討した結果というよりも、合弁相手である中国側の自動車メーカーの拠点を中心に進出している（**図表4-3**、左図参照）。

---

[4] 中国の企業集団の生産台数は中国汽車工業年鑑編輯部編［2013］（489〜490ページ）の「2012年主要企業（集団）の販売台数と生産台数」を利用した。日本の自動車メーカーの生産台数は、日本自動車工業会のホームページ（http://jamaserv.jama.or.jp/newdb/index.html）を利用した。

[5] ブランド別の基本型乗用車の販売台数は、中国汽車工業協会による報道資料『2012年分国別轎車銷售情况简析』（http://www.caam.org.cn/newslist/a34-1.html）を利用した。

図表4－2　中国における自動車生産台数の地理的な分布（2012年）

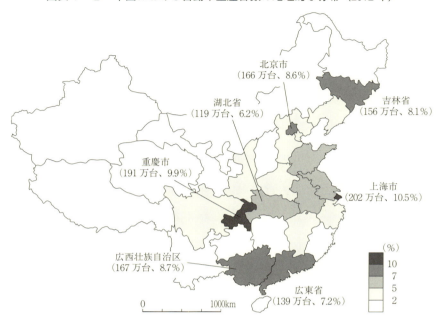

注：省・直轄市の括弧内は、生産台数と全国シェアである。
出所：中国国家統計局［2013］より。

　特に日系メーカーの進出が顕著な地域は、広州汽車集団の本拠地である広東省である。そこには、広州トヨタ、広州ホンダ、ホンダ中国、東風日産と、日本のビッグ3が進出している。ほかにも、東風汽車集団の湖北省、旧天津汽車集団の天津市、第一汽車集団の吉林省などに日系メーカーが生産拠点を構えている。反対に、中国一の生産台数を誇る上海市には、上海汽車集団が日系メーカーではなくフォルクスワーゲンとGMと提携していることもあり、進出している日系メーカーは一社も存在しない。
　これに対して、日系など外資系のサプライヤーは単独で自動車部品を生産することが可能である。そのため、中国において日本の部品サプライヤーは、日本の自動車メーカーとは異なった地理的な進出形態を取っている。日系サプラ

第4章 中国の自動車産業クラスターにおける日系企業のバリューチェーン 79

図表4-3 中国における日系自動車関連企業の立地

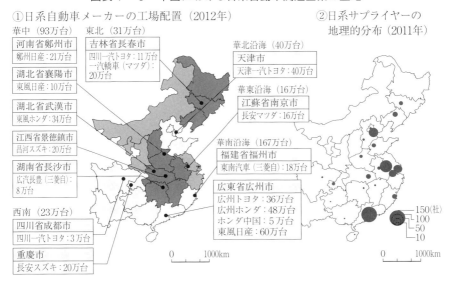

注：①の地域名の括弧内の数字は、地域における総年産生産能力、企業名の後数字は年間生産能力である。
出所：中国汽車工業年鑑編輯部編［2012］、フォーイン［2012］、アイアールシー［2011］をもとに作成したデータベース。

イヤーの立地を確認すると、沿海部に集中していることが分かる（**図表4-3、右図参照**）。アイアールシー［2011］のデータベースを整理したところ、2010年現在、中国には592社の日系サプライヤーが進出しているが、上海市を中心とする華東沿海（209社）、広州市を中心とする華南沿海（204社）、そして天津市を中心とする華北沿海（78社）に全体の80％以上が集積していた[6]。

この沿海部への地理的集中は、①納入先の自動車メーカーへのアクセス（製

---

[6] 本稿における中国の地域区分は、東北（黒竜江省、吉林省、遼寧省）、華北沿海（北京市、天津市、河北省、山東省）、華東沿海（上海市、江蘇省、浙江省）、華南沿海（広東省、福建省、海南省）、華中（湖北省、安徽省、河南省、江西省、湖南省、山西省）、西南（重慶市、広西壮族自治区、四川省、雲南省、貴州省、チベット自治区）、西北（陝西省、甘粛省、内モンゴル自治区、新疆ウイグル自治区、寧夏回族自治区、青海省）となっている。

品納入)、②日本とのアクセス（製品輸出、部品輸入)、③投資環境の水準（取引先、技術者、インフラなどの入手可能性）から説明される。華北沿海（天津市）や華南沿海（広州市）への地理的集中は、とりわけ①が大きな立地要因であると推測される。上述したように、これらの地域には、天津一汽トヨタ、広州トヨタ、広州ホンダ、そして東風日産が存在する。

　これに対して、最大の日系サプライヤーの集積地である華東沿海（上海市）への地理的集中は、②と③をベースに、特定の自動車メーカーでなく、中国各地に分散立地した複数の自動車メーカーへのアクセス（①）が立地要因となっている（丸川［2007］212～217ページ）。

　このように日本の自動車関連企業の中国進出は、自動車メーカーは分散的な立地、サプライヤーは沿岸部への集中的な立地と、対照的な構造をなしている。それゆえ、日系サプライヤーの集積が進んでいない西南（重慶市）、華中（武漢市や襄陽市）、東北（長春市）などの内陸部にある日本の自動車メーカーは、製造原価に占める輸送費を削減するため、域内におけるローカルなバリューチェーンの構築が課題となっている。とはいえ、沿岸部に集中する日系サプライヤーにとって、西南、華中、そして東北などの内陸部への進出は新規市場を開拓するための魅力的な選択肢の一つとなっている。それでは、内陸部への進出にはどのようなリスクを伴うのであろうか。

　以下、第一汽車集団の本拠地であり、内陸部有数の自動車産業クラスターである吉林省長春市において、筆者が2012年10月から2013年３月にかけて、長春市に進出する日系サプライヤーを対象として実施したインタビュー調査をもとに、日系サプライヤーが直面するバリューチェーン上の課題を、製品の納入先である自動車メーカーとの関係、そして部品の調達先である民族系サプライヤーとの関係にわけて明らかにしていく。

3　長春市の自動車産業クラスターにおける日系企業

　吉林省長春市は、中国の東北地方の地理的な中心に位置する吉林省の最大の

第4章　中国の自動車産業クラスターにおける日系企業のバリューチェーン　81

一汽集団の本社。乗用車から大型トラックやバスまでを生産する中国3位の自動車集団。

都市である。長春市の面積は20,571km²と、四国四県の面積（18,807km²）よりも広く、日本の市町村のイメージとは掛け離れた規模である。また長春市は、北海道旭川市と同じ北緯に位置し、冬の寒さは厳しく、日中でも零下20度を下回ることが多い極寒の地である。

　2010年、長春市の戸籍上の人口を示す常住人口は768万人であり、吉林省の人口の約28％を占め、その半数以上が農業人口となっている。また2011年現在、3,876社の外資系企業が進出しており、そのうち日系企業は399社でしかない。

　長春市の主要産業は、農業を除けば自動車産業である。長春市は上海汽車集団、東風汽車集団に次ぐ生産規模を誇る第一汽車集団[7]（以下、一汽集団と略記）の本拠地であり、東北部の自動車産業の中心地となっている。2012年、長春市の自動車生産台数は186.9万台。内訳は乗用車が145.5万台、バスが5.6万台、

トラックが22.1万台となっている[8]。

中国汽車工業協会［2012］における「部品企業概況」を基に作成したデータベースによると、長春市には自動車メーカー6社が立地している。このうち、乗用車メーカーは3社である（**図表4-4**）。長春市の自動車メーカーはすべて一汽集団傘下となっており、最も存在感があるのは一汽フォルクスワーゲン（以下、一汽VW）である。一汽VWは、2012年現在、フォルクスワーゲンブランド車とアウディブランド車を109万台（推定）生産している。

これに対して、日系メーカーは存在感が薄い。トヨタとのジョイントベンチャーである四川一汽トヨタ長春豊越（以下、四川一汽トヨタ長春）は、2012年時点ではトヨタブランド車を2.8万台生産しているにすぎない。元々は2003年に長春一汽豊越として設立され、ランドクルーザーの生産を行っていたが、2005年にプリウスの生産の開始を前にトヨタと資本関係を結び、現在の社名となった。2012年9月、プレス、塗装、艤装の工程をもつ本格的な組立工場においてカローラの本格生産を開始する以前は、年間数千台、ランドクルーザーとプリウスを組み立てるだけのノックダウン工場であった。しかし、2013年現在、RAV4を年間10万台規模で生産するようになっている。

一汽轎車は、1997年に株式会社として独立した一汽集団の乗用車生産部門である。2003年にマツダとの技術提携を通してマツダ6（アテンザ）の生産を開始したのを皮切りに、2012年現在、数多くのマツダブランド車を生産するようになっている。また2006年からは、一汽ブランド車である奔騰シリーズの生産も開始している。この結果、一汽轎車は、2012年には3.0万台にすぎなかった生産台数を、2012年には18.1万台へと増加させている。

長春市における部品サプライヤーは243社確認された。国別の構成を見ると、やはり一番多いのは100％中国資本の民族系サプライヤーの158社であった。外資系サプライヤーも多数立地しており、日系26社、ドイツ系22社、アメリカ系20社、フランス系9社の順となっている。

続いて**図表4-5**は、本章の対象である日系サプライヤー26社の概要である。日系サプライヤー各社は多様な部品を生産しているが、納入先は長春市の自動車メーカー向けが圧倒的に多い。設立年を見ると、1990年代から操業している

一汽轎車の本社。一汽集団の乗用車部門であり、2003年からマツダ車の生産を開始している

企業も存在する。しかし、2002年に長春一汽豊越（現・四川一汽トヨタ長春）がランドクルーザーのノックダウン生産を開始し、翌2003年に一汽轎車がマツダ6の生産を開始してから多くの日系サプライヤーが長春市に進出することになった。

---

(7) 第一汽車集団は、国務院国有資産監督管理委員会がその資産の100％を保有する国有企業であり、1953年に設立された最も歴史のある中国の自動車関連の企業集団である。2012年末現在、総資産2,435億元、従業員数16.7万人、2012年の自動車生産台数は266万台、売上高は4,077億元となっている（中国汽車工業年鑑編輯部［2013］130～131ページ）。
(8) 長春市統計局［2013］を利用した。しかしながら、中国国家統計局［2013］では、2012年、吉林省の自動車生産台数は156万台と、吉林省長春市の自動車生産台数186.9万台を30万台近く下回っている。

図表 4 − 4　長春に立地する自動車メーカーとサプライヤー

乗用車メーカー（3社）

一汽 VW（109万台）
◇生産モデル
Jetta、New Bora、Sagitar、Magotan、Golf、CC、
Audi A6L、Audi A4L、Audi Q5

四川一汽トヨタ長春豊越
（2.8万台）
◇生産モデル
Corolla、
Land Cruiser 200、Prius

一汽轎車
（18.1万台）
◇生産モデル
Mazda6、Mazda8、CX-7、
B90、B70、B50、欧朗、紅旗

商用車メーカー（3社）

一汽客車（n.a.）
バス

一汽解放（n.a.）
各種トラック

一汽 GM 軽型（5.3万台）
小型トラック

部品サプライヤー（243社）

日系（26社）
◇主な企業
デンソー　　　　　NOK
日立オートモーティブ　ダイキョーニシカワ
矢崎総業　　　　　デルタ工業
ジェイテクト　　　ワイテック
トヨタ紡織　　　　ヒロテック
IHI

日系を除く外資系（59社）
◇主な企業
JCI　　　　Brose
TRW　　　Continental
Lear　　　ZF
Tower　　Faurecia
Visteon　Valeo
Delphi　　Autoliv
Hella　　 Magna
Siemens　錦湖タイヤ

民族系（158社）
◇主な企業
富奥汽車零部件
一汽富維汽車零部件
長春旭陽工業
一汽四環
福耀集団

注：自動車メーカーの括弧内は2012年の生産実績、部品サプライヤーの括弧内は2011年の企業数である。
出所：中国汽車工業年鑑編輯部編［2012］、フォーイン中国調査部［2011］を基に筆者作成のデータベースより。

一汽 VW の本社。1992年に設立された一汽 VW は、VW 車とアウディ車を生産する一汽集団最大の自動メーカーである。

図表 4 − 5　長春に立地する日系サプライヤーの概要（2012年）

企業名	主要製品	納入先	従業員数	設立年	進出形態	日本側の出資比率	取材
J1	オイルシール	一汽VW、上海VW、上海GM五菱、上海ZF、瀋陽三菱	358人	1992年	単独	100%	
J2	バネ	一汽VW	110人	1994年	合弁	25%	
J3	自動車用繊維	na	na	1994年	合弁	15%	
J4	エンジン部品	na	na	1996年	合弁	40%	
J5	ステアリング	一汽VW、一汽轎車、天津一汽華利、神龍汽車	na	1997年	合弁	50%	
J6	ショックアブソーバー	一汽VW、一汽轎車、天津一汽トヨタ、広汽ホンダ、奇瑞汽車、華晨汽車	917人	1998年	合弁	49%	
J7	ワイヤーハーネス	一汽VW、上海VW	2,100人	2000年	単独	100%	○
J8	プラスチック用塗料	na	na	2000年	合弁	60%	
J9	ワイヤーハーネス	一汽轎車、四川一汽トヨタ長春	219人	2003年	単独	100%	○
J10	自動車用鋼板（加工）	四川一汽トヨタ長春	na	2003年	合弁	25%	
J11	ターボチャージャー	一汽VW、上海VW、VW一汽発動機、上海VW発動機	321人	2003年	合弁	55%	○
J12	シート	四川一汽トヨタ長春	100人	2003年	合弁	75%	
J13	エンジン	一汽轎車、天津一汽トヨタ	523人	2004年	合弁	50%	
J14	アルミ合金	na	na	2004年	合弁	70%	
J15	ワイヤーハーネス	一汽轎車、四川一汽トヨタ長春	1,815人	2004年	単独	100%	○
J16	ワイヤーハーネス	一汽VW	na	2004年	na	na	
J17	シート	一汽轎車	260人	2005年	合弁	40%	○
J18	商用車用ブレーキ摩擦材	na	na	2005年	合弁	60%	
J19	クロスメンバー、ロアーアーム	一汽轎車	252人	2005年	合弁	40%	○
J20	ドアヒンジ、ドアチェック	一汽轎車、長安マツダ、広汽フィアット	170人	2006年	単独	100%	
J21	マフラー	一汽轎車、四川一汽トヨタ長春	100人	2007年	単独	100%	○
J22	コントロールケーブル	一汽VW、一汽轎車、四川一汽トヨタ長春、一汽吉林	219人	2007年	合弁	68%	
J23	エアコン	一汽VW、一汽轎車、一汽吉林	142人	2010年	合弁	60%	○
J24	シート、ドアトリム	四川一汽トヨタ長春	186人	2010年	合弁	60%	
J25	インパネ、シュラウド、ドアトリム	一汽轎車、一汽解放、一汽吉林	160人	2011年	合弁	49%	○
J26	粉末冶金の焼結部品	na	na	na	合弁	70%	

注：取材の丸は、インタビュー調査を実施した企業である。
出所：前掲図の資料、インタビュー調査より。

2012年5月、汽車産業開発区において操業を開始した四川一汽トヨタ長春の西工場

4 困難な「日本的」なサプライヤーシステムの適用

　日系サプライヤーはすべて、自動車メーカーに直接部品を納入する一次サプライヤー（Tier1）である。それゆえ、バリューチェーンの下流には自動車メーカーが、そして上流には二次サプライヤー（Tier2）が存在する。
　最も下流に位置する自動車メーカーには、一汽轎車や一汽解放などの民族メーカーと、一汽VWや四川一汽トヨタ長春などの外資系メーカーが存在する。しかし、外資系メーカーといっても一汽集団との合弁企業であり、その購買政策には一汽集団の意向が強く働いている。民族系については、マツダブランド車を生産している一汽轎車も、当然のことながら、購買政策については基本的にマツダからの独立性を保っている。

また長春市においては、下流に位置するTier2には日系サプライヤーは存在せず、日系サプライヤーの調達先は、ほとんどが民族系サプライヤーのTier2となっている。このため、日系サプライヤーは、日本とはかなり様相の異なるサプライヤーシステム上の課題に直面している。

「日本的」なサプライヤーシステムを特徴は、簡単にまとめるならば以下の三つになる[9]。

❶ 取引相手の決定に際しては、市場的な関係ではなく、長期的な関係が重視される。

❷ 日々の取引では、売り手と買い手が共同でQCD（品質、コスト、納期）の向上を追求する。このQCDの向上において、品質の向上（不良品率の低下）は、手直しや検査の手間を削減することで結果的にはコストや納期の改善をもたらすという思想が共有されているため、特に品質に対するこだわりが大きい。

❸ QCDの向上による果実は、さらなる成長を促すために共有される。反対に外部環境の変化によるリスク（例えば、不況による販売台数の減少や原材料費の高騰など）も、事後的な協議によって共有される。

このような「日本的」なサプライヤーシステムは、自動車メーカーとTier1の間のみならず、Tier1とTier2のサプライヤーの間でも同様の取引慣行が観察される。

（1）自動車メーカーとの関係

部品受注における課題

民族系および外資系を問わず、一汽集団傘下の自動車メーカー（以下、一汽集団と略記）は、価格重視および民族系重視の購買政策を実施している。価格

---

[9] 「日本的」なサプライヤーシステムの特徴については、藤本［2003］180〜184ページを参考にした。より詳細なサプライヤーシステムの日中比較については、朴［2011］や藤川［2014b］を参照のこと。

重視の購買政策とは、その時々で最も納入価格の低いサプライヤーを選択する市場的な関係を重視した購買政策である。

一汽集団にエアコンを納入する日系サプライヤー（**図表4－5**に記したJ23、以下同様）によると、一汽集団はサプライヤーとの共同での部品開発を実施しておらず、そのため発注先の決定に際して技術力や開発力よりも価格を重視する傾向にある。

> 「一汽轎車向けには先行開発による営業はない。勝負は価格による『ガチンコ』である。可能なことは、高い技術力を必要とする部品の仕様を採用するように働きかけ、価格競争力は高いが、技術力は低い民族系サプライヤーが振り落とされるようにするぐらいである」（日系サプライヤー J23 へのインタビュー）

しかし他方、一汽集団は、国策である部品の国有化を推進するためにも、一汽集団と関係の深い民族系サプライヤーを重視して発注する傾向にある。例えば、ある一汽集団の日本人駐在員によると、一汽VWとの取引実績があるという理由だけで、強度信頼性などの要求事項を満たさない製造方法を提案する民族系サプライヤーを採用する場合もあるそうである。一汽集団は、いわば民族系サプライヤーに限った、長期的な関係を重視した購買政策を採用していると言えよう。

現在のところ、様々な品質上の問題を抱えているものの、民族系サプライヤーの価格競争力が高いため、購買政策における市場重視と民族系重視という方針の矛盾は顕在化していない。しかしこの方針によって、日系サプライヤーは非常に厳しい価格競争に巻き込まれているのである。

ある日系サプライヤーは、自動車メーカーからの要望を受けて長春市に進出したものの、見積り査定の結果、数元の価格差で以前から進出する外資系メーカーから受注を奪われている。当然、基本的に進出による受注の確約などは公式には存在しないものの、随伴進出したサプライヤーが受注できない事態は、長期的な関係を重視する「日本的」なサプライヤーシステムでは例外中の例外

と言える。

　価格重視、民族系重視の発注政策と裏表の関係であるが、一汽集団が品質を重視しないことも日系サプライヤーの営業活動をさらに難しくしている。日本の自動車メーカーは上述したように品質を非常に重視し、サプライヤーに対して、「工程での品質のつくり込み」、100％良品での納入を求めている。これに対して、一汽集団は100％良品を求めるのではなく、不良品が混入した場合、それを返品することで対応している。欠品さえしなければ、不良品の存在は不問に付す思想である。

> 「トヨタは『全品良品納入』を当然としている。しかし中国の自動車メーカーはそこまでのこだわりはない。『全品良品納入』を目指せば、それだけコストは高くなる。トヨタの思想でものづくりを続ける限り、一汽からの受注は非常に難しい。とは言っても、同じ工場のなかで、トヨタ的なものづくりと、一汽的なものづくりを両立するのも困難である」（日系サプライヤーJ24へのインタビュー）

　長期的な観点からどちらの品質管理の方法が中国において合理的なのかは不明であるが、少なくとも現在のところ、品質を強みとする日系サプライヤーは、中国における短期的な視点での価格競争に巻き込まれ、自らの優位性を発揮しにくい環境に置かれていることは確かである。

操業上の課題①――厳しい納入価格の引き下げ要求

　首尾よく受注したのちにも、日系サプライヤーは自動車メーカーの購買政策上、いくつかの課題に直面することになる。

　第一に、日本以上に厳しい納入価格の引き下げ要求である。四川一汽トヨタ長春は、「CC220活動[10]」を展開し、2年間で20％の原価低減活動を実施して

---

[10]　「CC220活動」とは、サプライヤーに「Cost Cutを2年間で20％達成するように求める活動」である。

いる。また一汽吉林は、2010年にダイハツが撤退したのち、日系サプライヤーに対して35％の納入価格の引き下げを求めてきた。

一汽轎車も、通期で10％〜15％の納入価格の引き下げを求めている。日本においては、納入価格の引き下げは実質的な原価低減の裏付けのもとに実施されるが、一汽轎車は原価低減の裏付けを考慮せずに実施している。このため、2011年末からマツダブランド車に関しては、マツダからの提案のもと、一汽轎車、マツダ、日系サプライヤー3者間での共同VA活動[11]が開始された。

マツダの技術者、一汽轎車の開発・購買・品質管理の各担当者、そして日系サプライヤーの担当者が実際にサプライヤーの工場に集まり、新しい材料の検討、製造工程の改善、在庫の削減などに取り組んでいる。その結果、2012年末までの1年間で、全体として約千数百件のVA提案が実施され、一台当たり数千元のコスト削減が達成されている。

しかしながら、ある日系サプライヤーによると、2011年11月から2012年10月にかけて数十件ものVA提案をしたものの、その結果実現した原価低減はすべて納入価格の切り下げとなった。このように、いまだ一汽集団はサプライヤーと成果を共有する方針を採用していない。

操業上の課題②――激しい発注量の変動

日本と中国においては、クルマの生産計画の柔軟性に差がある。日本においては、ディーラーが3日前から4日前までは発注したクルマの仕様を変更することができ、一部のディーラーは、顧客の注文が入った時点で発注することもできる[12]。つまり、日本の自動車メーカーは限りなく受注生産に近い体制を整えている。これに対して中国の自動車メーカー（少なくとも一汽集団）は、このような販売現場からの情報を逐一、生産計画に反映させる柔軟な調整を実施する体制を整えていない。

加えて、計画経済時代の名残から、経営陣が年間の生産計画とそれをブレークダウンした月間生産計画に固執する傾向がある。生産量の平準化に対する意識も低い。例えば、四川一汽トヨタ長春においては、カローラの生産において販売計画が達成されていないにもかかわらず、生産計画2万台が修正されるこ

となく実施された結果、2012年12月には週5日であった操業日が、翌年1月には週3日へと短縮される生産調整が実施されている。

結局、メーカー在庫やディーラー在庫が積み上がり、これ以上保管するスペースがなくなって、初めて生産計画の変更が実施されることになる。このため、生産計画の変更は大規模なものとなり、サプライヤーにとっては、突然の部品発注量の大幅な変更に直面することになる。

例えば、一汽轎車向けのシートを生産する日系サプライヤーJ17は、設立当初は三か月分のシートを、大きな発注量の変動に対応するための安全在庫として持つように指導されていた。

> 「一汽轎車からも、日本と同じく3ヶ月前から月間生産計画の『内示』がある。1ヶ月前には翌月の月間生産計画は『確定』となるが、これらの数字の変更が大きい。内示はもちろんのこと、確定であっても、±50％以上のブレがある」（日系サプライヤーJ17へのインタビュー）

このためJ17をはじめ、生産の平準化が達成さないこと、そして生産計画の変更内容の伝達が遅いことから、日系サプライヤーは多くの製品在庫および部品在庫を抱えたままの操業となっている。

（2）民族系サプライヤーとの関係

厳しい価格競争に直面する日系サプライヤーは、日本から部品を調達していては受注が難しいため、可能な限り現地調達を拡大する必要性に直面している。ただし、中国の民族系サプライヤーの実力は玉石混交であり、順調に適切なサ

---

(11) VA（Value Analysis）活動とは、設計変更、仕様改訂、生産プロセスの改善などを通して、量産の開始されたあとに製品機能の向上や製造原価の削減を目指す改善活動のことである。自動車メーカーとサプライヤーが共同で取り組む場合、「共同VA活動」と呼ばれている。
(12) 日本における生産計画の柔軟性については、富野［2012］を参考にした。

プライヤーシステムを構築している企業も一部存在するものの、大部分の日系サプライヤーは部品の調達において苦労している。

そもそも、上海市など華東沿岸に比べて、東北には技術力のあるサプライヤーの集積が乏しい。中国汽車工業協会・中汽華輪公司［2012］には、全部で7,666社のサプライヤーが掲載されている。このうちのほぼ過半数に当たる3,575社が華東沿海に集積しているのに対して、東北には574社と全体の6％程度の集積しかない。

技術水準においても、華東沿岸のサプライヤーに劣る。プレス部品の場合、長春市には油圧プレスのメーカーが多く、メカプレスをもっている企業は少ない。さらにメカプレスでも単発ばかりで、複数の金型を一台のプレス機にセットできるトランスファープレスをもっている企業はいない[13]。また、樹脂部品の金型に関しても、長春市には大物樹脂の金型をできる企業がいないため、上海の日系金型メーカーを利用せざるをえない状況にある[14]。

そして、一番問題となるのは、日系サプライヤーが、Tier2の民族系サプライヤーと共同でのQCD（特に品質）の向上という活動を実践できていないことである。例えば、四川一汽トヨタ長春にドアトリムを納入している日系サプライヤーJ24は小物の樹脂部品の不良品率が10％を超えているため、同社の工場内において全数を調達先のサプライヤーの社員にチェックさせている。これは、「工程での品質の作りこみ」という生産管理とは反対の方法である。

また、J24の担当者は、取引のある民族サプライヤーの工場で、従業員がVW向けのラジエターグリルを引きずって運んでいたのを見たため、J24向けの部品は手で一つ一つ運んで欲しいと要求したところ、「アウディなどの高級モデルの部品でも苦情が出ていないのに、なぜそのようなことを言うのか」との返答を受けたそうである。J24は指導チームを組織して、民族系サプライヤーに派遣しようと試みているが、相手側から迷惑がられ、協力的な応対をされていない。

このように日系サプライヤーは、技術力のあるTier2の集積が薄いため選択肢が乏しく、さらに日本国内のように技術力のあるTier2を育成することも難しいという困難な状況に直面している。

5 「日本的」なサプライヤーシステムを適用できない理由

　日本国内の自動車生産が低迷するなか、中国は日系サプライヤーにとって魅力的な市場である。また沿岸部における賃金水準の高騰や中国政府による大規模な開発計画などから、内陸部への進出が現実味のある選択肢として浮上してきている。しかし、本章における検討をとおして明らかになったように、一汽集団傘下の自動車メーカーは、それが日中の合弁企業であっても、日本と同じサプライヤーシステムを採用しているわけではなかった。そこには、合弁相手である一汽集団の意向が深く影響している。

　また、Tier2の民族系サプライヤーも、簡単には「日本的」なサプライヤーシステムを受け入れていなかった。それゆえ、長春市の自動車産業クラスターに進出する日系メーカーと日系サプライヤーは、そこで「日本的」なサプライヤーシステムを適用するとともに、現地の状況に適応させることで効率的なバリューチェーンを構築するのに成功しているとは言い難い。長春市の自動車産業クラスターにおいては、「日本的」なサプライヤーシステム（および、その関連知識）は、たとえ同じクラスターのなかで地理的に近接して立地していようとも、日本の自動車関連企業から中国の自動車関連企業へとスムーズに移転されていないのである。

　この「日本的」なサプライヤーシステムの適用が進まない背景には、計画経済時代の伝統という経路依存性に加えて、長春市のクラスターの内部構造（独占的な買い手としての一汽VWの存在）と中国のマクロ経済の現状（未熟な自動車市場）があると考えられる。
「生産計画に支障がなければ不良品の存在は不問に付す」という取引慣行は、一汽集団において改革開放以前の計画経済時代から根強く続いている。実は、この取引慣行は、年間100万台以上を生産する長春市最大の自動車メーカーで

---

⑬　足回り系の大物プレス部品を担当する日系サプライヤー J19へのインタビューによる。
⑭　インパネやドアトリムなど内装系の樹脂部品を担当する日系サプライヤー J25へのインタビューによる。

ある一汽VWも採用している。一汽VWは市場的な関係を重視し、不良品の組立ラインへの混入をもたらすようなサプライヤーとの取引はすぐさま中止し、他のサプライヤーに発注するという方法をとっている。逆に言えば一汽VWは、サプライヤーが自ら全品検査し、良品のみを低価格で納入してくれるのであれば、サプライヤーの工場内の生産管理には頓着しないのである。

一汽轎車（マツダ）と四川一汽トヨタ向けの部品を生産している日系サプライヤーは、規模の上でマイノリティである。一汽VWが100万台以上を生産しているのに対して、一汽轎車は18万台、四川一汽トヨタは3万台の生産に留まっている。よって、多くの民族系サプライヤーは、上述したドアトリムなど内装系部品のJ24の担当者が経験したように、一汽VWの5分の1以下の生産量にすぎない日系メーカーや日系サプライヤーらが持ち込もうとしている「日本的」なサプライヤーシステムなどには目もくれない状況にある。

また、中国の自動車市場が成熟していないことも、「日本的」なサプライヤーシステムの不人気の一因となっている。中国の自動車市場はいまだ右肩上がりに拡大を続けており、エントリー層の消費者は品質よりも価格に重きを置く傾向にある。中国の自動車市場における価格に敏感なエントリー層の継続的な拡大が、現在のところある程度は部品の低品質によって引き起こされる市場クレームや、大きな仕掛品在庫などの問題を吸収しているのである。

それゆえ今後、中国の自動車産業が成熟化するまで、華北沿海や華南沿海などを除き、内陸部を中心に広がる日系メーカーがマイノリティである地域、国有企業の支配的な地域、そして自動車産業クラスターの規模の小さな地域においては、日本企業が「日本的」なサプライヤーシステムに基づく効率的なバリューチェーンを構築するのは難しいと考えられる。

よって中国への進出に際しては、常に「プランB」を、すなわち代替的な部品の販売先と調達先を確保することが求められる。換言するならば、中国（特に内陸部）においては、「日本的」なサプライヤーシステムを「適用」することに拘泥するのではなく、それを現地に根ざしたものに「適応」させる必要がある。

原価に占める輸送費の比率が高い部品を生産するサプライヤーにとって、沿

海部と比べ、自動車メーカーやサプライヤーの集積の薄い内陸部においては「プランB」の確保が難しいことは想像に難くない。このような二律背反が存在するがゆえになおさら、内陸部への進出に際しては、常に「プランB」の可能性を考慮した慎重な経営戦略および立地戦略が求められる。しかしながら、このような二律背反が存在するがゆえに、2020年までには2,500万台に到達すると予想される中国市場における成功の果実もまた大きなものになると考えられる。

［付記］本章は、藤川［2014a］をベースに、冒頭と最後の部分を中心に大幅な改変を加えたものである。

参考文献一覧

・アイアールシー［2011］『中国自動車産業の実態 2011年版』。
・長春市統計局［2013］『2012年 長春市国民経済和社会発展統計公報』（中国語）。
・中国汽車工業年鑑編輯部編［2012］『中国汽車工業年鑑 2012年版』中国汽車技術研究中心・中国汽車工業協会（中国語）。
・中国汽車工業年鑑編輯部編［2013］『中国汽車工業年鑑 2013年版』中国汽車技術研究中心・中国汽車工業協会（中国語）。
・中国汽車工業協会・中汽華輪公司［2012］『中国汽車工業企事業単位信息大全 2012年版』（中国語）。
・中国国家統計局［2013］『中国統計年鑑 2013年版』中国統計出版社（中国語）。
・富野貴弘［2012］『生産システムの市場適応力——時間をめぐる競争』同文舘出版。
・朴　泰勲［2011］『戦略的組織間協業の形態と形成要因——中国におけるフォルクスワーゲンと現代自動車』白桃書房。
・フォーイン中国調査部［2011］『中国自動車部品産業 2011年版』。
・フォーイン［2012］『中国自動車産業 2012年版』。
・藤川昇悟［2013］「中国の自動車産業クラスターにおける日系自動車メーカーの動向——吉林省長春市を事例として」『2012年度APIR報告書：日本企業立地先としてのアジアの魅力とリスク』（アジア太平洋研究所）第4章所収、43～62ページ。
・藤川昇悟［2014a］「中国内陸部における自動車産業のサプライチェーン——吉林

省長春市に進出する日系サプライヤーを対象に」『2013年度 APIR 報告書：日本のアジア立地とサプライチェーン』（アジア太平洋研究所）第4章所収、40〜55ページ。（アジア太平洋研究所編『2013年　関西経済白書』第3章第5節、80〜84ページに要約を再掲）。
・藤川昇悟［2014b］「中国における民族系自動車メーカーの『寄生的』なサプライヤー・システム───一汽轎車とその日系サプライヤーを事例として」『産業学会研究年報』第29巻、2014年、137〜151ページ。
・藤本隆宏［2003］『能力構築競争───日本の自動車産業はなぜ強いのか』中公新書。
・丸川知雄［2007］「中国の自動車産業集積と日本自動車部品企業」小林英夫・丸川知雄編『地域振興における自動車・同部品産業の役割』社会評論社、207〜229ページ。

第5章
日本企業のアジア大都市への立地展開とサービス化
──集積から生まれるもう一つの「現地市場」──

1 日本企業のアジア立地展開と潮流の変化

　幾度かの「進出ブーム」を経ながら、日本企業はアジアに立地展開してきた。地理的な側面に注目するならば、郊外の工業団地を含めた大都市地域への集積という点に一つの特徴を見いだすことができる。それは、電機・自動車といったセットメーカーの工場立地を嚆矢として、これらに牽引されるように部品サプライヤーの工場が立地していくことで形成されてきた。背景には、「生産の現地化」を推し進めることで貿易摩擦や、日本の製造業が国境を越えて展開するなかで直面する課題、つまり円高を回避しようとしたセットメーカーの立地戦略があった。

　とはいえ、こうした潮流は次第に変化しつつある。それは、安価な製造拠点として見なされてきたアジア各国に対する日本企業の眼差しの変化を伴うものであった。つまり、日本企業はコスト削減のための生産拠点としてだけでなく、将来を期待される「成長市場」としての魅力をアジアに対して感じるようになったわけである。事実、日本企業による「製造業の海外現地法人の設立目的は、国内生産代替型から現地市場獲得型にシフトしており、最近では、現地市場獲得型の方が多くなっている」（内閣府［2012］132ページ）。

　この動きは大手の企業だけではない。中小企業が直接投資を決定した際のポ

イントについて、かつては「良質で安価な労働力が確保できる」ことを重視する企業が多かったのに対して、現在では「現地の製品需要が旺盛又は今後の需要が見込まれる」ことを重視する企業が大幅に増えている（中小企業庁［2014］304ページ）。本書の第1章でも確認したように、「市場開拓を行う場所」としてアジアを重視する企業が増加してきているのである。豊かになっていく現地の社会が生み出す購買力に惹きよせられながら、日本企業はアジア各国へと規模の大小を問わず立地展開するようになった。

こうした潮流の変化を踏まえながら、本章では、日本企業のアジア立地展開について大都市への集積という地理的な実態を前提にして検討を加える。時間の経過のなかで厚みを増す日本企業の集積そのものが、そこに新規に立地しようとする日本企業の行動を少なからず方向づけ、それが日本国外における日本企業、特に経営資源に乏しい中小企業の競争力を左右する可能性に注目したいからである。

2　非製造現地法人の立地展開と「サービス化」

日本企業の海外展開は、景気動向に左右されながらも継続的に行われてきた。東洋経済新報社の『海外進出企業総覧』に基づくならば、アジアに設立されている日本企業の現地法人は2013年において16,225社あり、これは世界の約6割を占めている。最も多いのが中国（6,276社）で、次いでタイ（1,956社）、香港（1,225社）、シンガポール（1,149社）と続く。

1980年代から2010年代までの約30年間について、アジア全体での現地法人増加に対する寄与率を国・地域別に見てみると、1980年代はアジアNIESが高く、1990年代前半にはASEAN 4、1990年代後半からは中国、そして2000年代後半からはベトナムやインドなどのアジアの国々で高くなる。「進出ブーム」といった様相を呈しながら、日本企業は特定の時期に特定の国・地域へと集中的に立地展開してきた様子がうかがえる。

ただし、日本企業によるアジアへの眼差しの変化は、現地に立地展開する現

地法人の事業内容にも変化をもたらしている。アジアに設立された現地法人を、工場でモノづくりを行う製造現地法人と、それ以外の非製造現地法人とに分けて見てみると、前者から後者へと設立形態のシフトが進んでいる。1990年代の中頃から2000年代の前半までは、安価な労働力を大量に利用可能な中国への製造現地法人の立地展開が進んだこともあって、アジア全体で製造が非製造を大きく上回る時期が続いていた。

それが、2000年代の後半から製造業現地法人の伸びが一旦弱まるのに対して、非製造現地法人はその立地数を順調に伸ばしていった。そして、2010年代になるとアジアに立地展開する日本企業の現地法人に占める製造の割合は５割を切り、非製造が製造を上回るようになった（**図表５－１参照**）。

こうした動きは、「安価な労働力」を利用できる場所というよりも、アジアを「市場の開拓」を行う場所として見なし始めた日本企業の認識を強く反映したものであろう。というのも、非製造現地法人は、現地で製品の販売を行ったり現地で発生するニーズに応じたサービスを提供したりする現地法人などによって構成されているからである。つまり、アジアへの日本企業の立地展開は、「サービス化」という様相を見せ始めているのである。

このように、日本企業のアジア立地展開は、設立される現地法人の業種構成の変化を伴いながら進んでいる。「市場開拓を行う場所」としてアジアを捉え直した場合、製造に直接的にかかわる事業だけでなく、それ以外の事業にも着目しなければ、日本企業のアジア立地展開の全体像を理解することは難しくなってきている。

ところで、1980年代の前半に製造現地法人数を非製造現地法人数が上回っていたシンガポールのように、早い時期に労働集約的な拠点という位置づけから脱却した所では、非製造の占める割合が極めて高い。しかも、アジア通貨危機や日本における業績不振などの影響もあって、1990年代の後半から2000年代まで撤退が相次ぐものの、近年になって非製造が増加に転じている。

政府の強いイニシアティブのもとに産業構造を「高度化」させたシンガポールでは、金融、研究開発、さらに企業の本社機能などの積極的な誘致が行われている。シンガポールを東南アジアの地域的な拠点として評価する日本企業の

図表5-1 事業分野別にみた日本企業の現地法人数の推移

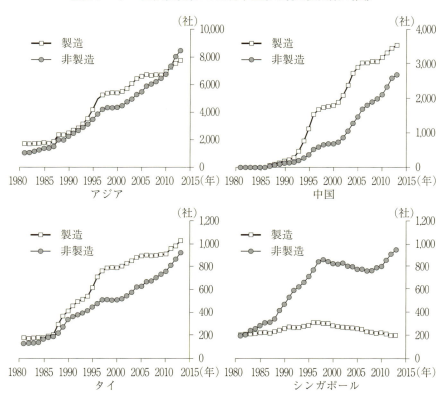

注：アジアには、東アジア、東南アジア、南アジア、中央アジア各国・地域が含まれる。中国には、香港、台湾、マカオを含まない。
出所：東洋経済新報社『海外進出企業総覧』各年版により作成。

立地展開は、こうした動きに呼応したものでもある。

ただし、製造現地法人が撤退・移転していったシンガポールだけでなく、それ以外の国々でも、非製造現地法人の立地数が増大している点を見逃すことはできない。特に「東南アジアのデトロイト」と称され、自動車産業の一大集積地として成長を遂げるタイでも、2000年代以降になると製造を上回る勢いで非製造が増加している。2013年のタイにおける非製造現地法人は926社であり、

立地数ではシンガポールの949社とほぼ同規模にまで増加している。シンガポールでは製造の減少が進むなかで非製造の占める割合が拡大したのに対し、タイでは製造が増加を続けるなかで非製造の割合が徐々に高くなっており、この点に大きな違いを見いだすことができる。

日本企業の現地法人の立地数の推移に見られるシンガポールとタイとのこうした違いは、日本企業にとっての「現地市場」のもつ意味が大きく変化することを示している。なぜなら、日本企業にとっての「現地市場」には、幾度もの「進出ブーム」を経て、アジア大都市に集積して立地する日本企業そのものが直接的に生み出す需要とともに、その集積の進展から新たに派生する需要が含まれる場合もあるからだ。

特に国別に立地を捉えるのではなく、アジア大都市への日本企業の大規模な集積といった地理的な現実を踏まえるならば、この点は殊更に重要となる。だからこそ、当該集積を構成する企業の事業活動の特性が重要になるのであり、「事業活動のつながり」としてバリューチェーンに着目する意義が生まれるのである。

3 日本企業の集積から生まれるもう一つの「現地市場」

(1)「ローカルな現地市場」と「現地の日本市場」

一般に想起される現地市場とは、当該国・地域の自然や歴史的経緯、そこに住む人々の宗教、習慣、嗜好、さらにそれらを反映しがちな制度といった様々な要素が複雑に絡み合いながら形成される、いわゆる現地の「ローカルな消費市場」を指すことが多いと思われる。しかしながら、すべての日本企業がこうした「現地市場」を追い求めてアジアに立地展開しているわけではないし、それに適応しているわけでもない。

というのも、既に川端［2005］が「ローカルな市場の脈絡」を探ることの重要性について、もっぱら小売業を取り上げながら指摘しているように、日本国

内の市場特性を前提とした商品やサービスを日本の企業がホスト国で販売したり提供したりする場合、現地のローカルな市場に受け入れられる様々な工夫を施す必要がある。特に、対人接遇によって提供されるサービスの場合、物理的な形がないためにサービスの提供者と利用者との関係のあり方がその価値を大きく左右する。

　つまり、日本の均一化された市場で受け入れられてきた、標準化の進んだ商品やサービスを、文脈の異なる現地市場へと適応させる能力をもつ企業のみが、「現地のローカルな消費市場」において地位を確保することができ、現地で事業を継続していくことができるのである。

　ところで、こうした一般的な「現地市場」に対する理解と、そこへの期待の陰に隠れてしまって見えにくくなっているものがある。実は、日本企業が大規模に集積する大都市を抱えるアジア各国には、現地のローカルな消費市場とともにもう一つの「現地市場」が生まれているのだ。それが、アジア大都市に集積する日本企業や、そこで働くために居住する日本人を顧客とした「現地の日本市場」である。つまり、アジア大都市での日本企業の立地数の増大と集積規模の拡大とが需要の塊として顕現したものもまた、日本企業にとっての「現地市場」なのだ。

　拡大するアジアの「現地市場」を指向した日本企業の立地展開について理解を深めようとするならば、当該市場を構成する売り手と買い手の存在だけでなく、それらが形成する一連の連鎖（チェーン）にも注目する必要がある。なぜなら、市場と企業活動との関連を、取引関係といった側面から把握することが可能になるとともに、その特徴を、取引に伴う相互のコミュニケーションのあり方といった極めてミクロなレベルから把握することも可能になるからである。しかも、相互のコミュニケーションのあり方は、現地における企業の生産活動だけでなくそれを担う個々人の消費生活といった場面においても重要な意味をもつ。

　特に、対人接遇によって提供されるサービスの場合、コミュニケーションのあり方に注目することは重要である。当該サービスは物理的な形がないために、買い手が喜んでカネを支払ってくれるという意味での価値は、サービスの提供

者と利用者との関係がうまく成立することによって生まれるからである。

　こうしたことを前提として、「現地の日本市場」はさらに大きく二つに分けることができる。一つは中間財などを取り扱う「BtoB型市場」であり、日本国内で形成されてきたセットメーカー企業とサプライヤー企業との取引関係が、現地でも継続的に維持されたり、再現されたりするなかで生まれるものである。もう一つは「BtoC型市場」である。これは、現地に在住する日本人が増加し、その結果として顧客を日本人とした消費市場が発達していくことで生まれるものである。重要なのは、これら二つの市場が相互に絡み合いながら、「現地市場」を開拓しようとする日本企業の集積をアジア大都市において進展させていくことである。

（2）日本企業の集積と「BtoB型市場」

　既に確認したように、日本企業のアジアへの立地展開は製造業企業が主導してきた。ここで見逃せないことは、日本型経営・生産システムを現地工場へと移植することで、日本の製造企業は優位性を維持してきた（川村［2013］）ことである。事実、完成品を製造する大企業の要請で「下請企業」の約7割が海外へと立地展開していることを示す調査もあるように（内閣府［2013］191ページ）、日本国内で構築された取引関係が現地に「移植」される形で「生産の現地化」が行われてきた。

　このことは、アジアに立地展開する日本の中小企業の行動からも確認できる。というのも、ASEANに設立された当該企業の現地法人を見ると、その61.0％が現地日系企業を販売先としており、地場企業（32.3％）や地場消費者（3.1％）を大きく上回っている（中小企業庁［2010］157ページ）。ここには「部品」などの販売も含まれており、先んじた日本企業の立地が日本の中小企業に対する需要を少なからず生み出し、それらが「下請企業」を強く牽引することで当該企業の新規立地が進んでいった様子が見てとれる。

　日本国内の取引関係が現地に「移植」される場合、日本企業は現地において新規にサプライヤーを見つけ出したり育成したりする必要がない一方で、日本

企業が築き上げてきた「善意に基づいた取引関係」(酒向 [1998]) を維持するためには、日本企業の慣行を熟知する者同士が取引を直接的に担っていく必要がある。取引のパートナーの行動を予測でき、互いに受容することのできる方法を採用することで、取引コストを低く抑えることができるからである[1]。つまり、日本企業が現地での優位性を維持するうえで、国内での取引関係や取引慣行を現地へと持ち込むメリットは小さくないのである。

ところで、製造業企業は部品などのモノの調達や販売だけでなく、サービスの利用を通じても取引関係を形成している。こうしたことは、日本企業の製造現地法人が立地するアジアでも起きている。事実、アジア大都市では、コンサルティング、情報サービス、広告・宣伝、人材派遣、翻訳・通訳、といった事業所サービス分野で、現地の日本企業を主要な取引先として事業を展開する企業がある。また、日本企業を対象とした商品見本市などの開催を請け負ったり、現地の日系製造業に関する情報誌を日本語で発行したり、規模の小さな日本企業に代わってマーケティング調査を行ったりする企業もある。

こうしたサービスを現地で利用するにあたって、新規立地した日本企業は、日本の均質化された市場で生み出された基準や「標準」に基づくサービスを要求しがちである。特に、ホスト国のローカルな習慣などを事前に経験したり学習したりする機会に乏しかった企業は、そうしたサービスを利用せざるを得ない。だからこそ、日本国内と同様の関係を国外に「移植」し「再現」しようとする動きは、製造業でのモノの取引だけにとどまらなくなる。取引に伴う相互のコミュニケーションのあり方に注目するならば、その動きは特にサービスの提供と利用といった場面においてより顕著なものとならざるを得ないからである。

加えて、日本国外で事業を展開するにあたって、日本企業は現地の言語や日常的な習慣といった違いだけでなく、法律や取引慣行といった違いなどにも直面することになる。また、それを前提にして行動せざるを得ない。この場合、日本国内の均質な市場のなかで「標準」とされてきたものが国外ではまったく通用せずに、現地では「非標準」となってしまう局面も多々ある。

海外事業に豊富な経験をもつ大企業は、このような違いを橋渡しする経営資源を様々な形で組織内部に当初から保持している。一方で、もっぱら日本国内

での事業経験しかもたない中小企業が新規に海外展開する場合は、例えば通訳や翻訳、様々な認可手続きや申請書、経営アドバイスといった専門的なサービスを組織外部から調達する必要がある。

　もちろん、現地を熟知した企業などをパートナーとして事業を展開したり、事業進出をサポートする機関やコンサルティング企業を利用したりすることもあるだろう。その際、こうしたサービスの提供者として「日本人」の存在を無視することはできない。サービスの提供者と利用者とがともに日本的な基準や「標準」を理解し行動することで、初めて当該サービスのやり取りが成立する場合があるからである。

　いずれにしても、新規に立地しようとする日本の中小企業が日本国外において事業を展開しようとする場合、それをサポートする事業所サービスを利用せざるを得ない。とりわけ、現地において日本国内と同様の内容や取引慣行に基づいて事業所サービスを利用する場合、それらを提供できるのは日本の中小企業の行動やその業界を熟知する者に限定されがちとなる。

　このことは、現地における日本のセットメーカー企業とサプライヤー企業との取引において、品質、価格、納期などの取引の条件を交渉したり調整したり、契約の履行を監視したりする過程においても見られるものである。「部品」の購買にかかわる調達担当者と、同じく販売にかわる営業担当者とが、日本で行われてきた取引慣行を共有し、さらに両者ともに共通の言語で交渉したり調整したりするほうが、通訳や翻訳などの追加的なコストや誤解に基づくトラブルが生じる可能性が低く、コミュニケーションなどを含め効率的に取引関係を構築し維持することができるからである。

　もちろん、こうした動きは、現地だけでなく現地と日本との間でも起きるだろう。日本企業を取引先とする場合、現地の日本企業だけでなく日本にある本

---

(1)　酒向［1998］（111ページ）は、取引コストについて次のように分類して考えることができるとする。すなわち、①新たな取引パートナーの獲得に伴うサーチ・コスト、②価格、品質、納品などの時期および取引の条件に関して合意に到達するための交渉コスト、③サプライヤーから発注企業への製品の流れを管理する在庫管理コスト、④契約期間中の協力と相互監督を促進する監視コスト、である。

社や工場と頻繁にやり取りを重ねる必要があり、現地の担当者が日本のことをよく知る人物であれば、それをスムーズに行うことができるからである。

日本国内で当該取引に携わった経験をもつ者同士が同じ言語で取引を現地で行うならば、そうでない場合よりも取引コストを低減させることができる。実際に、アジア各国において日本企業との取引を行う場合、「日本語対応窓口」が他とは別に設けられており、それを現地で採用された日本人が担当していることもある。

このように考えるならば、現地に先行して立地する日本企業もしくは居住する日本人は、当該サービスの提供者として大きな役割を果たすことになる。しかも、それらが集積・集住という形態をとることで、新規に立地する企業は当該サービスの提供者を現地において容易に見いだすことができる。サービスのやり取りにあたって、対面によるコミュニケーションが重要な意味をもつ場合、新規に立地する企業、特に中小企業は、既に日本企業が集積する場所に立地することで大きなメリットを享受することができる。

（3）「BtoB型市場」の拡大と「BtoC型市場」

このように、モノやサービスの取引が現地においてスムーズに行われるうえで、それらの特性をよく知る「日本人」がそれを担うメリットは小さくない。だからこそ、取引コストを低減させようとする日本企業の動きは、製造業分野であっても事業所サービス業分野であっても、それを現地において実際に担っていく人材を限定的なものにしてしまう。つまり、現地に設立された企業の多くは、日本企業を取引先とする場合、日本人を駐在員もしくは現地採用の従業員として雇用せざるを得なくなるのである。

こうした日本企業の取引にかかわる行動が、新たな「現地の日本市場」を生み出す。それが、現地に在住する日本人を顧客として発達した消費市場である「BtoC型市場」である。

これは、次のような過程のなかで形成される。まず、現地に立地する日本企業の間で取引が活発に行われるなかで、それを円滑なものとするために、売り

手にも買い手にもそれを担当する日本人が必要となる。そして、こうした動きが累積的に拡大することで、さらに現地で仕事をする日本人が増加する。先んじた企業の立地に牽引される形で進む日本企業の増大は、日本から派遣される駐在員やその家族だけでなく現地で採用される者も増加させる。

こうした一連の動きが、現地に居住する日本人を顧客とした消費市場を成立させる。現地の日本人は、単なる働き手として「日本的なサービス」を提供するだけでなく、日々の生活のなかで、そうしたサービスを利用する消費者としての性格も有しているからである。だからこそ、彼／彼女らが、特に日本国内の均質化した市場で供給される商品やサービスと同じものを現地で強く指向すればするほど、その市場は「現地のローカルな消費市場」とは大きくかけ離れた特性をもたざるを得なくなる。

もちろん、居住者数が少なければ当該市場は極めてニッチなものとなり、供給者は現れない。しかしながら、アジア大都市は日本人の大きな集住地となっているという地理的な現実を無視することはできない。外務省の『海外在留邦人数調査統計』によると、2012年10月現在、アジアで最も日本人長期滞在者の多い都市は上海（5.7万人）であり、次いでバンコク（3.9万人）、シンガポール（2.6万人）、香港（2.1万人）と続く。

アジアの大都市に長期滞在する日本人の所得は、現地の人々よりも平均的に高い。もっぱら日本人を顧客とする日本企業の展開は早い段階で小売業の分野で起きており、いわゆる「ニッチ市場」を追って日系百貨店やスーパーの立地が見られた（川端［2000］）。もちろん、ローカル消費市場と比較して、現地の日本人消費市場の規模は限定的である。とはいえ、アジア大都市の日本人居住者のみに着目したとしても、高齢化や人口減少に悩む日本の地方都市よりも相対的に若く大きな人口を有しており、「現地の日本市場」としても成長を見込める都市なのである。日本企業の集積に伴った日本人居住者の増大を踏まえるならば、それらは日本国外に形成されたニッチな「日本人の消費市場」といった性格をもつ。

このように、日本企業の集積するアジア大都市には日本企業もしくは日本人の市場が形成されており、そこでは「日本的なサービス」が売り手と買い手と

図表5−2　日本企業の集積地における「現地市場・需要」

	対ローカル（Local）	対日本（Japanese）
対個人 （BtoC）	ローカル 消費市場	日　本 消費市場
対企業 （BtoB）	ローカル 企業の需要	日　本 企業の需要

出所：鍬塚［2013］の図を一部修正。

の関係を特徴づけている。いずれにしても、日本企業の進出理由として重視される「現地市場」は、本来的な意味での「ホスト国」の人々が生み出す現地の「ローカル」な消費市場のみを意味するとは限らないのである。

　以上を踏まえ、日本企業にとっての「現地市場」もしくは「現地での需要」について整理したものが**図表5−2**である。縦軸は、消費財や個人サービスなどを念頭に置いた個人需要（対個人）と、中間財や事業所サービスなどを念頭に置いた法人需要（対企業）とに分けて整理したものである。また横軸は、「サービス」の特質の相違を前提に、ホスト国の国民（対ローカル）と、ホスト国に長期滞在する日本人もしくは日本企業（対日本）とに分けて整理したものである。

　つまり、日本企業の大規模な集積が既に形成されている地域へと日本企業が新規に累積的に立地する場合、「現地市場」は単一のものではなく、本来的な意味でのホスト国の国民や地場資本の企業を主眼としたローカルな需要と、日本企業が集積することで生まれる「日本的な需要」とがあることを示している。

　もし、今後とも「日本的な需要」が「現地」において拡大するならば、とりわけ「日本的なサービス」への需要が拡大していくならば、それを提供することのできる日本企業の新規立地が「現地」において累進していく可能性がある。もちろん、そこには「現地」での日本人による起業というケースも含まれよう。「日本的なサービス」の提供者として、現地において絶対的に優位な位置にある者こそ彼／彼女らであり、また日本企業だからである。

　このような観点は、企業間の投入産出の関係が、モノの取引に基づくバリューチェーンによって形成されるよりも、コンサルティングやメンテナンス、そ

うしたものを含む営業活動といった対人的な行為に基づく「サービス」の提供と利用とによって形成される場合により一層重要になると思われる。サービスの提供側と利用側との間で共有されるサービスに対する評価基準が、「現地」の日本企業の間でのみ共有される場合も想定できるからである。

いずれにしても、サービスの提供者と利用者とが日本国内で前提とされる「標準」を相互に理解し、そのもとで取引関係を形成している所へと新たにローカル企業が参入する場合、そこには「標準」の理解と、それに基づく行動といったローカル企業が乗り越えるべき障壁が存在する。また、「標準」をローカル企業が翻訳しながら学習したとしても、その過程には必ず追加的なコストが発生する。

その結果、日本企業の集積規模が大きければ大きいほど、また「日本的なサービス」への指向が強ければ強いほど、現地における日本企業もしくは「日本人」の優位性が高まり、「標準」に基づいて行われる日本企業同士の取引関係が現地においてますます発達すると考えられる。これは同時に、現地のローカルなものとの比較において、専門化あるいは特種化したバリューチェーンが集積内部で形成されることでもあり、そこに企業活動がロック・インされてしまう可能性もある。

4 バンコクにおける日本企業の集積と「現地の日本市場」

「現地市場」の獲得を指向したアジア各国・地域への日本企業の立地展開のなかで起きているのが、大都市への現地法人の集積であり、その多くは首都とその近郊に立地している（鍬塚［2010］参照）。各国の首都近郊には数多くの工業団地が整備されており、そこに製造現地法人が立地する。また、非製造現地法人はオフィスなどに入居することが多く、シンガポールに典型を見るように立地場所が都心部などに限定されがちである。こうした動きは、タイの首都バンコクでも同様に見られる。

バリューチェーンという観点から日本企業の立地展開を検討するにあたって

オフィスビルやコンドミニアムなどが林立するバンコク中心部

も、こうした集積を前提としたうえで、いかなる形で事業間の関係が構築され、維持されているのかという点に注目せざるを得ない。というのも、日本国内とは異なる環境のもとで形成された日本企業の集積そのものが、現地において一定規模のボリュームをもつ特徴ある需要を生み出しているからである。

　以下では、幾度かの「進出ブーム」を経て形成されてきたバンコクにおける日本企業の集積を取り上げながら、こうした点について確認しておきたい。

　タイについて、バンコクに立地する日本企業の現地法人の立地数は増加している。東洋経済新報社の『海外進出企業データ』に記載された現地法人の住所に基づいて、バンコクに立地する現地法人数を独自に集計してみると、2001年は691社あった。それが2010年には815社となる。また、タイ全体に占めるバンコクの割合を見てみると、2001年が52％、2010年が49％であり、両年ともにタ

イに立地する現地法人の約半数がバンコクに集積している。

　言うまでもなく、こうしたバンコクにおける現地法人の立地数の増大は、先にタイ全体について確認したのと同様に、業種構成の変化を伴うものであった。事実、バンコクに立地する現地法人のうち、非製造の占める割合を見てみると、2001年は64%（442社）であった。それが2010年には76%（619社）にまで拡大する。バンコクにおける日本企業の立地と集積は、現地法人数の増加という量的な変化だけでなく、製造から非製造へという業種構成の変化を伴いながら進展している。

　ところで、『海外進出企業データ』を用いて把握できるのは、日本において上場している企業および有力な未上場企業であり、比較的規模の大きな企業の海外展開の動向である。そこで、主に日本企業の現地法人や支店、出張所によって構成される盤谷日本人商工会議所の会員データから、その地理的な分布を県別に把握してみよう（図表5－3参照）。このデータによって、中小企業の現地法人や、現地資本との合弁会社の動向もあわせて把握できる。

　これによると、2012年において住所の把握できた1,361会員の6割弱がバンコクに立地しており、バンコクが日本企業の集積地となっていることを改めて確認することができる。もちろん、バンコクに隣接し、多数の工業団地が整備されているサムットプラカーン県、チョンブリ県、パトゥムタニー県に立地する会員も一定数ある。こうした地理的な分布もまた、バンコクにおける日本企業の立地数の増大と業種構成変化との関連のなかで形成されている。

　バンコクの東南東約60km、チョンブリ県北部に位置するアマタナコン工業団地を事例に自動車産業の集積過程について検討した宇根［2009］によれば、立地する企業は、工場であっても日本人駐在員を含むホワイトカラー従業員の通勤を考慮した立地選定を行っている。こうした説明を敷衍するならば、郊外の工業団地に立地する工場が必要とする専門的なサービスは、バンコクからのホワイトカラー層の日常的な通勤によって提供されていると言えるだろう。このような点からも、製造現地法人の立地であってもバンコクとの近接性を前提とした立地が進んでいることがうかがえる。

　ところで、バンコクに立地する非製造現地法人について、その割合を産業別

図表5-3　タイにおける県別にみた盤谷日本人商工会議所会員の分布

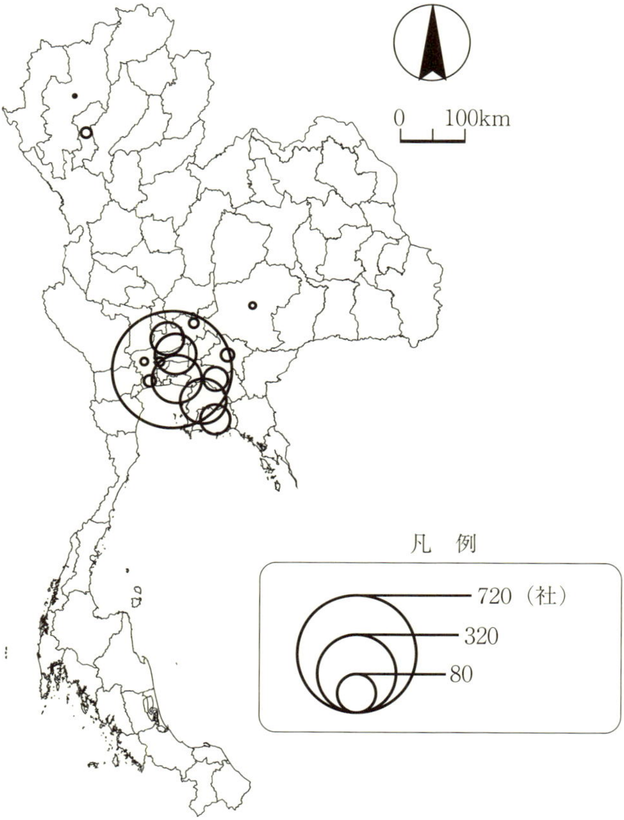

凡　例
720（社）
320
80

出所：盤谷日本人商工会議所『2012年度版会員名簿』により作成（鍬塚 [2013]）。

に見てみると（**図表5-4参照**）、「卸売業」が約半数を占める。ここに含まれるものの多くは、輸送機器卸売業に分類されるものである。これらの多くは日本の部品サプライヤー企業が現地に設立した販売会社であり、自動車産業のバリューチェーンのなかに位置づけられるものである。

　かつてシンガポールでは、電機セットメーカーの工場や部品調達拠点の立地に牽引される形で、卸売業に分類される電子部品メーカーの販売会社の立地が

図表5-4　バンコク都に立地する日本企業非製造現地法人の産業別割合の変化

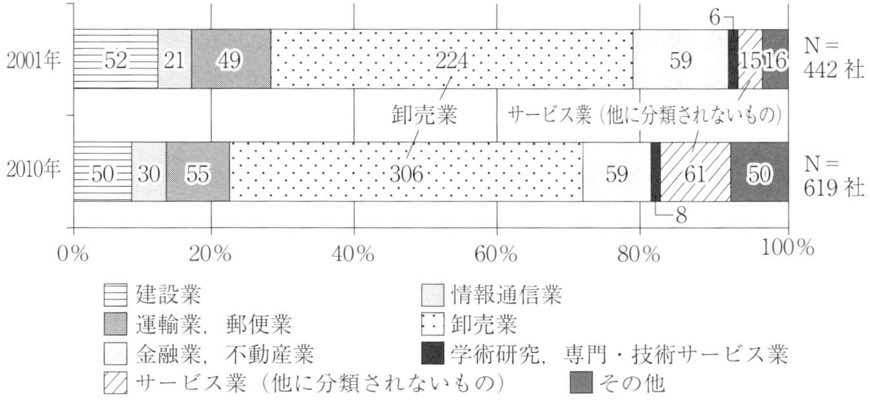

2001年：建設業52、情報通信業21、運輸業・郵便業49、卸売業224、金融業・不動産業59、学術研究・専門・技術サービス業6、サービス業（他に分類されないもの）15、その他16　N=442社

2010年：建設業50、情報通信業30、運輸業・郵便業55、卸売業306、金融業・不動産業59、学術研究・専門・技術サービス業8、サービス業（他に分類されないもの）61、その他50　N=619社

凡例：建設業／情報通信業／運輸業，郵便業／卸売業／金融業，不動産業／学術研究，専門・技術サービス業／サービス業（他に分類されないもの）／その他

出所：東洋経済新報社『海外進出企業データ』各年版により作成（鍬塚［2013］）。

進展し、これが日本企業の現地法人の立地数の増大をもたらした（鍬塚［2002］参照）。

　こうした仕組みを踏まえるならば、バンコクでの「卸売業」に分類される非製造現地法人の増加は、タイにおける自動車産業の成長と現地における部品調達の拡大に随伴する形で進展しているように見える。製造現地法人の立地が、非製造業現地法人の立地と集積とを累進的に生み出していることが示唆される。

　2010年において「卸売業」に続いて多いのが「サービス業（他に分類されないもの）」である。ここには、人材派遣・業務請負、建物管理・警備、機械等修理、マーケティングリサーチといった業務を行う現地法人が含まれる。これらは、もっぱら企業を取引先としてサービスの提供を行う事業所サービス業に分類されるものである。注目すべきは、当該分野の割合が、2001年では3％（15社）でしかなかったものが、2011年には10％（61社）となり、非製造に占める割合を拡大させている点である。「金融業、不動産業」の立地数に変化が見られない一方で、事業所サービス分野は大きく立地数を伸ばしている[2]。

　ここでは、当該現地法人の取引先まで詳細に検討する余裕はないものの、そ

の多くが現地に立地する日本企業を対象とした事業展開を行っている[3]。例えば、日系の人材派遣会社は日本企業に対して、タイ人従業員だけでなく現地での日本人採用などを代行するサービスを提供している。また、日本企業向けに日本語でビジネス情報を提供していたり、日本企業向けに現地のローカル消費市場の調査などを請け負っていたりする企業もある。さらに、日本の零細企業がタイに新規に進出するにあたって、立地予定の工業団地を案内したり行政機関への手続きを代行したりアドバイスを行ったりするところもある。

　こうした事業所サービス企業のなかには、「進出ブーム」に乗じて本業とは別に事業展開するものや、現地の日系企業に勤務したことのある日本人が、勤務経験を活かして独立して展開するものなどもある。このように日本企業のアジア展開は、新たなサービス需要を生み出すだけでなく、それを提供する事業所サービス業を発生させており、「サービス化」というべき様相が認められる。モノの製造と取引に限定されない日本企業の事業展開が、アジアにおいても活発化しているのである。

　こうした動きを背景に、日本企業の立地数で東南アジア最大のタイに3か月以上居住する日本人は2013年10月現在5万8,000人を超えており、米国（24.8万人）、中国（13.2万人）に次ぐ世界第3位の規模となっている。その多くはバンコクに居住する民間企業関係者とその家族であり、洪水やデモなどの混乱が見られるなかでも拡大傾向にある（**図表5－5参照**）。ここには、日本大使館に登録されていない者や短期の滞在者は含まれない。そのため、実際にはもっと多くの日本人が居住していることになる。

　その結果、日本人を顧客とした様々なビジネスが現地で展開されている。それは、スーパーや百貨店といった小売業にとどまらず、宴会セットを用意する居酒屋、美容院や理容室、ネイルサロン、不動産仲介業、日本人歯科医が常駐する歯科医院、小学生向けの学習塾や日本の大学への進学を念頭に置く進学塾、さらにクリーニング店など消費者サービスの様々な分野に及んでいる。もちろん、日本人以外の利用も想定されているものもあるが、その多くは現地で発行される日本語情報誌に広告を掲載するとともに日本語で対応する窓口や問い合わせ先を設けている。なかには、日本と同等のサービスを日本人が現地で提供

図表5－5　タイにおける日本企業現地法人と日本人長期滞在者の推移

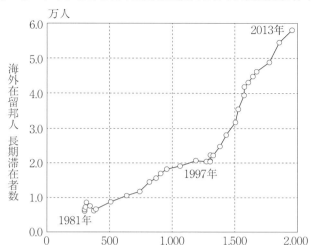

出所：東洋経済新報社『海外進出企業総覧』各年版および外務省『海外在留邦人数調査統計』各年版により作成。

することをアピールするものもある。こうしたこともあって、ローカル企業のなかには現地の日本人を顧客として事業を展開するところもあり、日本語の広告を日本人の多く居住する地区に設置したり日本人専用の対応窓口を設けたりしている。

　もちろん、当該サービスを提供する者の多くは、現地に居住する日本人であ

---

(2)　ただし、タイでは外資出資比率50％以上の外資企業が参入できない事業を外国人事業法で定めており、製造業とは対照的にサービス業分野には高い参入障壁が存在する。例えば、会計サービス、法律サービス、広告業、ホテル業、観光業、飲食店などが、国内産業の競争力が不十分な業種として参入が規制されているだけでなく、特に業種を定めずに「その他のサービス業」も規制の対象となっている。そのため、現地法人を実質的には日本人が経営している場合でも、タイ資本をパートナーとして事業を展開せざるをえない状況下にある。

(3)　バンコクに立地する事業所サービス企業に対する筆者によるヒアリング調査による。『生活・ビジネス情報電話帳2012ハロータイランド』に掲載された企業を対象とした。

バンコクの街中で見られる日本人を念頭に置いた地元銀行の広告

り、ローカルな消費市場とは大きく異なる「現地市場」がバンコクに成立している。こうした状況を生んでいるのが、世界有数の規模を誇るバンコクの日本人居住者数であり、これこそが日本人による日本人のための「BtoC型市場」の成立をバンコクにおいて可能にしている。

5 オフショアサービス拠点としてのバンコク

アジアの大都市における日本企業の集積が、そこに立地しようとする日本企業にとっていかなる環境となり得るのかについて、ここまでバンコクを取り上げながら説明を加えてきた。最後に、こうした集積をベースに情報通信技術を用いることで、バンコクをオフショアサービス[4]の提供拠点として活用する動きがあることについて述べておきたい。というのも、日本企業の集積に伴ってバンコクに形成された日本人の労働力のプールを利用できることを直接的な立地上の条件として、日本人をサービスの担い手とする日本語コールセンターの立地が当該都市で見られるからである。

鍬塚［2014］でも紹介したように、日本企業がバンコクに設立したあるコー

ルセンターは、通信販売などの注文受付にかかわる業務を日本国内向けにバンコクで行っている。日本人をオペレータとして現地で採用するとともに日本の親会社と「人材やノウハウを共有」することで、日本国内と同等の品質でサービスを提供可能だという。また、アメリカ合衆国やシンガポールの拠点と連携しながら、日本人旅行者や長期滞在者からの電話による緊急医療などに関する問い合わせに24時間対応する所もある。

このコールセンターは、日本国外からの問い合わせではあるものの緊急性を要する対応が必要なこともあってオペレータはすべて日本人となっている。これまでシンガポールを事業拠点としてきたが、人材確保が容易なこともあってバンコクでの事業を拡張している。

このほかにも、東南アジアに立地する日系現地法人向けに販売促進の支援を行うものや、グローバル企業の海外子会社に対して情報システムのサポート業務を行うコールセンターもある。後者の場合、複数の海外子会社とは英語で対応する一方で、日本本社の情報システム部門の担当者とは日本語で対応する必要があることから、当該業務は日本人が担当している[5]。

こうしたバンコクのコールセンターの特徴は、日本企業がアジアに展開するバリューチェーンと、そこに投入されるサービスの特質を理解していく上で示唆的である。というのも、ここで見たコールセンターは、日本国内の市場で受け入れられる「日本的なサービス」の提供を主な事業としており、また、それ

---

(4) 一般的にオフショアサービスとは、国内で利用されるサービスを国外から情報通信技術を用いて「輸入」するものを指す。中国の大連で行われている日本国内向けのバックオフィス業務なども、これに該当する。代表的な例としては、アメリカ合衆国を主要な「輸出先」としてインドの情報通信産業が成り立っていることを想起されたい。
(5) タイ投資委員会（BOI）より認可を受けバンコクで操業する日本のコールセンター企業への筆者によるヒアリング調査による。なお、BOIはコールセンター分野について、2003年から外資参入を認めた。これにより、外国人就労にかかわる煩雑な手続きを簡略化できたり、雇用主となる企業が外国人従業員に支払わなければならない賃金の基準が適用されなくなったりする。つまり、BOIの制度的な恩典が適用されて初めて、サービスの担い手となる日本人を現地で採用することができたのである（鍬塚［2014］参照）。ホスト国の制度的な環境もまた、企業の立地行動を具体的に捉えるうえで重要である。

を提供しているのは現地で採用された日本人だからである。

　バンコクに立地する日本語コールセンターから提供されるサービスは、提供者と利用者とのコミュニケーションのあり方にその特質を強く規定されている。情報通信技術の発達が可能にしたオフショアサービスであるとはいえ、こうした関係性に基づいて行われるサービスの投入は、費用削減という形で日本企業の競争力にポジティブに働く側面があることは無視できない（鍬塚［2014］参照）。しかしながら、その一方で、情報通信技術を用いて提供されるサービスによって形成される一連の連鎖は、現地に立地する当該企業やその従業員と、現地の地域経済・社会との直接的な関係を希薄なものとしてしまい、深いかかわりをもつ必然性を小さくしてしまっている。

6　求められるバリューチェーンの転換

　幾度かの「進出ブーム」を経ながら、日本からアジア各国への直接投資は拡大し、日本企業の立地数も増大していった。それらは当初、安価な労働力を指向したり、第三国輸出を目的としたりするものであった。しかしながら、近年ではアジア各国における中間層の拡大によって、「現地市場」を指向した立地へと進出の目的がシフトしつつあるとされる。

　こうした「現地市場」について、本章ではタイにおける日本企業の立地数の増大と、時間的な経過のなかでバンコクに形成されてきた当該企業の集積の現状に着目してきた。その際に、これまで多くの関心が注がれてきた製造現地法人よりも、それほど重視されてこなかった非製造現地法人を取り上げ、「事業活動のつながり」として捉えられるバリューチェーンに関心を寄せながら若干の検討を行ってきた。現地に形成された日本企業の集積そのものが日本企業の新たな立地を牽引する仕組みがあり、そこにおいて、「日本的なサービス」を伴いながら構築される企業間関係のあり方を無視できないからである。

　ところで、数多くのバリューチェーンを束ねる集積地は、同時に、「経済基盤の脆弱な中小企業の新規参入障壁を緩和」する役割をもつ（加藤［1988］83

ページ）。アジア大都市において、時間的な経過のなかで次第に規模を拡大してきた日本企業の集積は、新規に立地する日本企業に対して、こうした効果も生んでいる。

　もちろん、日本企業に対して専門的もしくは特種的に提供される外部経済が日本国外において必要とされる理由については、さらに踏み込んだ議論が欠かせない。日本企業、とりわけ日本国内での事業経験しかもたない中小企業が国境を越えて立地展開していくにあたっては、大企業とは大きく異なる立地上の条件を想定することができるからである。それは、日本国内とは異なる環境のもとで顕現するものでもあろう。

　こうした点と関連して、水野［1997］は日本の機械メーカーと部品サプライヤーとの取引関係を取り上げながら、「『グッドウィルによる信頼』に基づく日本型の取引は、社会的・文化的に『異質』な海外において通用しない可能性が高く、そうした取引関係を守ろうとすれば、海外調達は限定的なものにならざるをえない」（528ページ）ことを指摘する。

　本章で検討した内容を踏まえるならば、日本国外に形成された日本企業の集積は、新規に参入する日本企業に対して社会的・文化的に「同質」な状況を提供しており、それが外部経済として機能しているように思われる。特に、相対的に経営資源に乏しい中小企業にとって、当該集積が提供する様々なメリットは無視できないものであり、それを前提に海外展開を図ることも十分に考えられる。

　その際に、社会的・文化的に「異質」な海外において形成される「同質」な集積が、そこに立地する企業の競争力と結び付くのかどうかといった点に関してはさらなる検討が必要である。これは、日本企業が必要とする外部経済のあり方を、日本国内とは異なる文脈のなかで検討することでもある。

　加えて、同質性を前提とした集積地内において、もっぱら「日本的なサービス」を伴いながら構築されてきた関係を活かしながら、本来的な意味での「現地のローカルな市場」へとバリューチェーンを新たに転換し切り替えていくことが、いかなる形で可能であるのかについても関心を払う必要があるだろう。なぜなら、当該国内の政治的な状況や国際的な経済情勢の変化が及ぼす影響に

よって、日本国外に形成された「現地の日本市場」が長期にわたって拡大する保証はどこにもないからである。

　本章で示したように、日本企業の集積地内で需要される「日本的なサービス」は、日本企業の「進出ブーム」が継続し、日本国内の均質化された市場で通用する商品やサービスを指向する人々の流入が絶えず継続することによって初めて成り立つものである。つまり、こうした「ブーム」が過ぎ去ったあとにおいても、現地で生き残ろうとする企業は必然的に、これまで事業活動を位置づけてきたバリューチェーンから新たなバリューチェーンへと転換する必要に迫られる。ここに、日本企業の抱えるジレンマが見え隠れする。こうした行動こそ、日本企業間の取引関係をベースに構築されたバリューチェーンのもつ優位性を自ら掘り崩すことにつながるからである。

　ただし、アジア大都市は歴史的に形成されてきた商業的な中心地であり、国内外に広がる新たな需要と企業とを結び付ける多様なアクターが政府も含めて立地し、集積する場所であることを忘れるべきではない（鍬塚［2010］参照）。こうした地理的な現実を直視するならば、そこには大きな障壁があるとはいえ、これまでのバリューチェーンを積極的に転換していく意義は大きく高まる。もし、現地に立地する日本企業が自らの判断で、こうした障壁を乗り越えて多様なアクターと強く結び付いていくならば、そこに本来的な意味での現地市場が広がるからである。

　この過程こそが、アジアに立地展開する日本企業の能力をアップグレードさせ、その競争力を現地において飛躍的に高めていくことにつながるのではないだろうか。その場合、アジア大都市に形成された日本企業の集積は、バリューチェーンを転換するまでのインキュベーター（孵卵器）としての役割を担うことになるだろう。

　［付記］本章は、鍬塚［2013］をもとにして、新たなデータなどを加えながら大幅に改稿したものである。

参考文献一覧

・宇根義己［2009］「タイ・アマタナコン工業団地における自動車部品企業の集積プロセスとリンケージの空間的特性」地理学評論（日本地理学会）82（6）548〜570ページ。
・加藤恵正［1988］「リンケージ・ネットワークと企業立地――都市産業における社会的分業構造の解明」都市問題（東京市政調査会）79（10）71〜83ページ。
・川端基夫［2000］『小売業の海外進出と戦略――国際立地の理論と実態』新評論。
・川端基夫［2005］『アジア市場のコンテキスト【東南アジア編】――グローバリゼーションの現場から』新評論。
・河村哲二［2013］「アジア工業化・経済発展の世界経済的フレームワークとその転換」馬場敏幸編『アジアの経済発展と産業技術　キャッチアップからイノベーションへ』ナカニシヤ出版、31〜54ページ。
・鍬塚賢太郎［2002］「日本電機企業による国際調達機能の配置とシンガポールの部品調達拠点化」地誌研年報（広島大学総合地誌研究資料センター）11、33〜56ページ。
・鍬塚賢太郎［2010］「アジア産業集積とローカル企業のアップグレード――インドICT産業の大都市集積の場合」経済地理学年報（経済地理学会）56（4）216〜233ページ。
・鍬塚賢太郎［2013］「バンコクにおける日本企業の集積と新規立地との関係に関する予察」『2012年度APIR報告書：日本企業の立地先としてのアジアの魅力とリスク』アジア太平洋研究所、第6章所収、76〜88ページ。
・鍬塚賢太郎［2014］「バンコクにおける日系事業所サービス業の立地とサービスの担い手」『2013年度APIR報告書：日本企業のアジア立地とサプライチェーン』アジア太平洋研究所、第6章所収、67〜75ページ。（アジア太平洋研究所『2014年版関西経済白書』第3章第4節、76〜79ページに要約し、加筆したものを再掲）
・酒向真理［1998］「日本のサプライヤー関係における信頼の役割」、藤本隆宏ほか編『リーディングス　サプライヤー・システム　新しい企業間関係を創る』有斐閣、91〜118ページ。
・中小企業庁［2010］『中小企業白書（2010年版）全文』中小企業庁．（http://www.chusho.meti.go.jp/pamflet/hakusyo/h22/h22_1/h22_pdf_mokuji.html）2015年1月8日参照。
・中小企業庁［2014］『中小企業白書（2014年版）全文』中小企業庁．（http://www.chusho.meti.go.jp/pamflet/hakusyo/H26/PDF/h26_pdf_mokuji.html）2015年1月8日参照。

・内閣府［2012］『日本経済　2012-2013――厳しい調整の中で活路を求める日本企業』（http://www5.cao.go.jp/keizai3/2012/1222nk/pdf/12hajime.pdf）2015年1月8日参照。
・内閣府［2013］『平成25年度年次経済財政報告―経済の好循環の確立に向けて』（http://www5.cao.go.jp/j-j/wp/wp-je13/pdf/p02021_1.pdf）2015年1月8日参照。
・水野真彦［1997］「機械メーカーと部品サプライヤーの取引関係とその変化」人文地理（人文地理学会）、49（6）525〜545ページ。

第6章
外食チェーンのアジア立地展開とバリューチェーン

1 急増する日本外食の海外進出とそれへの視角

日本の外食チェーンの海外進出が急拡大している。筆者が各種資料から捉えた近年の進出状況を見ると、以下のような特徴が指摘できる[1]。

❶海外進出は1970年に始まるが、その件数は2014年末までに1,000件を超えている。1990年代までは年間5件から10数件程度であったが、2003年以降徐々に増大し、2010年以降は毎年100件を超えるまでに急増してきている。全体では5割以上が2010～2014年の5年間における進出となっているのである。

❷進出先は9割以上がアジアであり、アメリカやオーストラリアがそれに続くが、逆に欧州、中南米、アフリカへの進出はほとんど見られない[2]。

❸海外進出を行った外食企業は、筆者が管見する限り、利益を上げている企業は少数派であり、この10年間に進出した766件のうちすでに100件以上が撤退に至っている。

---

(1) 近年の日系外食企業の海外進出動向の分析については、川端[2015]を参照のこと。
(2) ごく近年では、アジアや米国、オーストラリア以外の地域にも進出するケースが見られる。例えば、すき家（ゼンショー）のブラジル（2010年）とメキシコ（2013年）への進出、ゴーゴーカレー（ゴーゴーシステム）のブラジル（2011年）と英国（2014年）への進出、丸亀製麺（トリドール）のロシア（2013年）とケニア（予定）への進出、田舎屋（WDI）のUAE・アブダビ（2014年）への進出などがある。

❹進出企業は、国内に数店舗しかないような小規模なものが増えてきている。
❺海外進出した外食企業の業種は多様であるが、近年では中小のラーメン専門店の進出が目立っている。

　以上の傾向については、一般的には次のような「説明」がなされてきた。
　まず、❶の外食企業の海外進出が急増している要因としては、少子高齢化などによる日本の外食市場の縮小や停滞（および将来性のなさ）がしばしば指摘されてきた。また、国内での競争激化が挙げられることも多い。一方、新興市場では所得増大・中間層の急増に伴う外食市場の拡大が続いており、市場の将来性の大きさが指摘されることも多い。要するに、国内での閉塞感が海外に目を向けさせているというのである。
　❷のアジアへの進出要因については、日本の食に対するイメージの高さ（安全・安心、健康的）や食文化的な距離の近さが挙げられることが多い。また、日本のアニメなどの大衆文化のアジアへの流入による日本食への関心の高まりも挙げられることも少なくない。小さな頃からアニメを通して目にしたラーメンや牛丼、あるいはどら焼きなど、アニメに登場する日本食への関心が高い若者層の存在も影響しているとされる。
　❸の海外市場で成長が出来ない要因については、所得と価格とのミスマッチや、進出先市場との食文化の違いが挙げられることが多い。価格問題は、いわば提供メニューの価値に対する評価の違いであるため、それも食文化問題に含めてよかろう。いずれにしろ、このような食文化論的な説明がなされる背景には、食の国際化がこれまで文化人類学的な切り口から語られることが多かったためと考えられる（川端［2013a］）。
　確かに、このような「説明」はそれなりの蓋然性もあろう。しかし、冷静に見るとそれらはすべて一般的な市場環境要因にすぎない。すなわち、それらはどの企業にも当てはまることであり、個別の外食チェーンの成否を論じるには不十分なのである。例えば、❸に関しても、食文化の問題は確かに外食チェーンにとって重要な課題ではあるが、外食チェーンにとっては、むしろそれをどのように克服するのかということが課題となっているため、食文化の違い自体

は不振の決定的な理由にならないと見るほうが妥当であろう。

　つまり、市場が拡大しているにもかかわらず、なぜ進出しない企業が存在するのか、また不振の要因が食文化であるのなら、なぜ現地に適応化が出来なかったのか、さらに❹のように小規模な企業や❺のラーメンチェーンがなぜ多数海外に進出したのか（出来たのか）といったことの説明を、市場環境要因のみで行うことは難しいのである。

　このような疑問に答えるためには、川下である市場サイドへの着目だけでは不十分であり、むしろ海外でのチェーン展開を支えるオペレーション・システムの構築問題を検討すべきだと筆者は考えている（川端［2013a］、［2013b］、［2013c］）。換言すれば、外食チェーンの海外進出は、食材調達関係の企業や輸送業者、店舗建設関係の企業、現地パートナーといった進出を取り巻く多くの企業（アクター）との関係性のなかで成立している現象であることに着目する必要がある。

　それは、製造業の海外での成否を考える際、当該事業所だけではなく、日本を含めた多くの企業が絡む一連のサプライチェーンのなかでそれを捉えなければならないことと似ている。つまり、外食企業にとっては、いわば川上部分のシステム構築をしっかり行うことが川下（市場）への適切な対応（食文化への適応化も含む）を可能とすることが認識されなければならない。

　この海外で構築すべきオペレーション・システムは、日系外食にとってはバリューチェーンそのものと言って過言ではない。というのも、オペレーション・システムは、後述のように食材調達、店舗開発、人材育成といった要素から成っており、その構築の成否がそのまま商品やサービスの品質（バリュー）に直結するからである。海外で日系外食チェーンが獲得している「安全・安心」「健康的」といった評価も、このようなオペレーション・システムがもたらしたバリューなのである。

　そこで本章では、急増する日系外食チェーンのアジア立地展開を、川上のシステム構築問題すなわち海外でのバリューチェーンの構築問題の視点から検討することで、アジア市場への集中化や小規模チェーンの進出増、ラーメンチェーンの進出の増大要因といった問題を解明していきたい。

コラム2　日系外食企業の海外進出史

　日本の外食企業の海外進出は、1970年にサントリーがメキシコにレストラン「燦鳥（サントリー）」を出店したところから始まる。このレストランは、その後、パリやロンドン、ローマ、メルボルンのほかアジアの主要都市にも次々と出店していった。また、1973年にはキッコーマンが欧州での醤油の市場開拓を狙ってドイツにレストラン「大都会」を出店している。なお、日本でチェーン展開を行う外食企業の海外進出については、1975年の「どさん子」（ラーメン）と「吉野家」（牛丼）の米国進出が最初であった。

　いずれにせよ、1970年代から1980年代の初めにかけては、欧州や米国（特にニューヨークとハワイ）に、比較的大手の企業が店舗を構えたのが特徴で、アジアへの進出はごく僅かしか見られなかった。

　1980年代の中頃になると、アジア市場への進出が増えてくる。アジアNIESと呼ばれた、韓国、香港、台湾、シンガポールへの進出であった。しかし、1980年代の進出の5割は、まだ米国本土やハワイを中心とする非アジア圏への出店であった。なお、この時期には中国市場への試行的進出も見られたが、そのほとんどは高級ホテル内の日本料理店であった。

　アジア進出が本格化するのは、1990年代以降のことである。1990年代は、約8割がアジア地域への進出となった。ハンバーガー、イタリアン、カレー、ドーナッツ、焼き肉、回転寿司、居酒屋など、これまでに見られなかった多様な業種・業態が進出した。これは、アジア市場で様々なメニューが「日本食」として受容されていったことを示している。

　2000年代になると、中国大陸への進出が全体の4分の1を占めるようになる。上海や北京、大連、広州、青島といった沿岸都市が中心であるが、各社が中国市場の可能性に注目をするようになった証と言えよう。また、2000年代の中盤以降はラーメン企業の進出が急増してくるのも大きな特徴であった。

　2010～2014年の5年間は、各年の進出件数が100件を超えるようになるが、このうちラーメン企業の進出が5年で195件に上る。これに、うどん・そば、ちゃんぽん企業の進出を加えると、全体の4割以上を麺類の進出が占めることになるのである。進出地域は、最近では東南アジアが急増しており、インドネシア、ベトナム、カンボジア、ミャンマーなどへの進出も見られるようになっている。むしろ、近年は欧州進出がほとんど見られないのが特徴である。

　なお、日系外食企業の海外進出の詳細については川端［2015］を参照のこと。

2 オペレーション・システムの構築とは

さて、外食チェーンにおける海外でのオペレーション・システムとはどのようなものを指すのであろうか。それは、**図表6-1**に示す三つのサブシステムから成ると考えられる。以下、川端［2013b］をもとに順に説明していきたい。

(1) 食材調達・加工・配送システム

外食チェーンでは、同じ品質の同じメニューをすべての店舗で安定的に提供することがバリューの基本となる。したがって、基本食材を安定的に調達し、衛生的に加工し保管して、効率的に各店舗に配送するシステム、つまり食材のサプライチェーンをいかに構築するかが課題となる。

まず食材調達については、食材生産者（農畜水産関係者）、食品卸売（輸出入）業者などの現地の外部業者の存在が鍵を握っているが、調味料系食材など機密性の高いレシピを有するものについては日本本部から直接輸入するチェーンが多い。

食材の加工には、洗浄やカット、解凍といった下ごしらえから、煮込みや焼きといった調理まで多様なものがある。いずれにしろ、各店舗では行わない事前加工を指すが、この作業を衛生的かつ効率的に行える場所を確保することは

図表6-1　オペレーション・システムを構成する3つのサブシステム

	サブシステム	概要
1	食材調達システム	安全で品質の高い食材（水も含む）を安定的かつリーズナブルな価格で調達するシステム
2	店舗開発システム	適切な場所（立地）に適切なコストと家賃で店舗を開設していくシステム
3	人材育成システム	ジョブホッピングを低減させ、多店舗展開に不可欠な店長（店長候補）を持続的に育成していくシステム

出所：川端［2013a］・［2013b］・［2013c］をもとに作成。

途上国においては非常に難しい。したがって、どのような工程をどこまで集中化（セントラルキッチン化）し、またどのような工程を各店舗で行うのかという問題について、日本とは異なる視点から検討する必要がある。また、そのような加工済み食材を各店舗に効率的かつ安定的に配送する物流システムを、物流インフラが整っていない現地でどのように構築するのかという点についてもチェーン展開を考える場合には重要な課題となっている。

（2）店舗開発システム

多店舗展開の仕組みづくりのなかで、最も基本的なものと言えるのが店舗開発システムである。なかでも店舗立地は、集客力を左右するだけでなく、現地での当該チェーンのブランド構築というバリューにも密接にかかわってくる問題である。また、出店後の家賃変動は利益率を左右する重要な課題ともなる。

さらに、外食チェーンの店舗開発では、立地と共に店舗デザイン（インテリア）や店内レイアウトも重要となっている。例えば、海外の吉野家では、当初は日本と同様にカウンターを店内中央に設置したが、顧客の評判がよくなく集客に貢献しなかったことから、マクドナルドなどと同様のウォークアップ方式[3]に転換した。この方式は1979年にアメリカ・カリフォルニア州の店舗で始まっているが、それ以後はウォークアップ方式の店舗がアジアも含めた海外の吉野家の標準となり、現在に至っている。この変更によって、吉野家は集客不足から脱したとされる（川端［2010］220ページ、222～223ページ）。

このケースのように、店舗開発システムの問題は、店舗立地の問題だけでなく、店内レイアウトを介したメニューの提供の仕方やサービスの手法にも密接に関係するものとなっている。

（3）人材育成システム

日本の外食チェーンのバリュー（優位性）の一つに、優れた衛生管理と高度な接客サービスがある。これらが実現できるかどうかは、人材育成システムの

善し悪しと表裏一体を成している。この人材育成のなかで最も大きな課題となっていることは、店長候補者の育成難の問題である。

言うまでもなく、多店舗展開をめざす外食チェーンにとっては、店舗運営の指導者としての店長をいかに効率よく育成するのかが企業成長の大きな鍵となる。しかし、一般にアジアではジョブホッピング率が高く、時間をかけて人材育成を行うこと、特に店長候補クラスの人材育成が阻まれる傾向にある。何より、それが多店舗展開を困難にしている。したがって、定着率を上昇させるための工夫が外食チェーンにとっては大きな課題となると言えよう。

また、シンガポール市場やタイ市場では人手不足・人材不足が常態化しており、外国人労働者に依存せざるを得ない状況もある。したがって、外国人労働者も含めた人材育成のシステムをいかに構築するかが、現地での成長や成長スピードに大きな影響を与えることとなる。

3 オペレーション・システム構築と進出形態

このようなオペレーション・システムを海外で確立することは、当然のことながら簡単なことではない。一般に、外食企業は経営規模が小さく経営資源（資金、人材、ノウハウ）上の制約が大きい企業が多いがゆえに困難も大きい。したがって、その構築をどのように進めるのかが課題となるのであるが、この問題を克服する手段として注目されるのが「フランチャイジング」という形態での海外進出である。

つまり、規模の小さな外食企業（資金力や人材さらに現地情報が不足している企業）ほど、進出先市場でのオペレーション・システム構築力に長けた有力パートナーを見いだし、そことフランチャイズ契約を結ぶことが必要になると考えられる。

---

(3) レジカウンターで商品を注文して料金を支払い、商品を受け取って、店内のテーブル席で食べる方式のこと。マクドナルドやKFCがこのスタイルを世界に広めた。

このような国際的なフランチャイジングには、①ストレート型、②合弁型、③子会社（独資）型の三つのタイプが存在する（川端［2010］）。①は現地のパートナー企業と直接的にフランチャイズ契約を結ぶもの（ストレート・フランチャイジングと呼ばれる）であり、②と③は現地で運営会社を合弁か独資で立ち上げ、その現地会社と日本本部がフランチャイズ契約を結ぶタイプである。

経営資源が不足している中小外食企業の海外進出では、投資や人材を必要としない①のストレート型のフランチャイジングが選択されると考えられてきた。ストレート型の場合は、日本本部は商標の貸与とノウハウ供与やコア食材の供給（日本からの輸出）を行うだけで済み、現地での店舗開発や食材調達、従業員雇用や教育は、すべて現地パートナー側に委ねることができる。また、たとえ失敗しても投資上の損失も生じない。

このストレート型の進出は、一見すると経営資源が不足する外食企業にとってはメリットが大きいように見えるが、実際にはそうとも限らない。ストレート型ではパートナー企業の運営能力に全面的に依存するため（日本人が駐在しないため）、出店スピード（店舗投資）や商品（メニュー）の品質や味の管理あるいはサービスの質が、本部側の期待したレベルに達しないことも多いからである。

実際、筆者のこれまでのヒヤリング調査においても、店舗展開が思うように進まなかった場合や、日本本部から来ている指導スタッフが引き揚げた（立ち上げ時の指導契約の期限が切れた）途端に味やサービスの質が低下し、売上が下がるというケースが多数確認できた。その結果、パートナー側にオペレーションを委ねることを諦めて、フランチャイズ契約を解除して撤退したケースも少なくない（ブランド保護が目的）。

つまり、ストレート型の場合、投資リスクは低いがブランド管理上のリスクが高まることがネックとなってきたのである。このようなブランド管理上のリスク問題を回避するためには、海外のパートナーを日本本部がモニタリング（監督）し続けることが必要となる。しかし、これには当然のことながら、相応のコスト（モニタリングのための渡航費）とノウハウ（契約ノウハウや交渉技術）が必要となる。

筆者が管見する限りだが、ストレート型の国際フランチャイジングで成功をしている外食企業がしばしば口にすることは、「現地パートナーに恵まれた」ということである。現地パートナー企業の選定は実際には手探りの感が強く、規模や業種、外食ビジネスの経験の有無などに何らかの法則性が見てとれる訳ではない。それゆえ、「たまたま」現地パートナーに恵まれたケースや、現地パートナーといっても、現地の日本人や日系企業であるケースがほとんどといって過言ではない。

　一般に、現地パートナーが日本人や日系企業である場合は、細かな説明をしなくても、日本本部のコンセプトや理念、オーナーのこだわりが理解されやすく、ノウハウ移転も比較的スムーズに行えて信頼関係が構築しやすいというメリットがある（もちろん、日本人と組んでも失敗するケースも見られることは言うまでもない）。

　このように、現地パートナー選定のノウハウは確立されていないがゆえに[4]、現地での運営の質（味、衛生管理、サービスなどの品質）にこだわる傾向が強い日本の多くの外食企業にとっては、ストレート型は現実にはリスクが高いと言ってよかろう。特に、海外企業との交渉・接し方のノウハウをもたない外食企業にとっては、パートナー企業を統制することは至難の業と言える。筆者は、外食企業に限らず日本企業が国際フランチャイジングにおいて、特にストレート型を採る率が低いことはすでに明らかにしてきた（川端［2010］）が、それはこのような事情によるからである。

　このストレート型のフランチャイジングが有する課題は、つまるところ二つの問題に収斂していく。一つは、海外でのブランド管理上のガバナンスをどこまで強めるのか、あるいは日本との差・違いをどこまで許容するのかという問題であり、今ひとつは海外での運営や管理をどこまでシンプルにするのかとい

---

[4]　もちろん、パートナー選定の目安を設定している企業もある。例えば、吉野家は食関連事業の経験のある企業をベースに選定してきたとされる（ヒヤリング）。しかし、パートナー側に外食企業の経験があると、自社の経験を優先して日本本部側の方針に従わないこともあるため、逆にそのような経験がないパートナーを選ぶ外食も見られる。このあたりの選定基準は、各社の考え方や経験に基づいているのが実態であり、統一した考え方は存在しない。

う、運営ノウハウの標準化・マニュアル化がどこまで進められるかという問題である。

もし、海外と日本とのオペレーション環境や市場環境・消費者特性の違いを考慮して、日本とは異なる発想やコンセプトでブランド管理を行えば（過度のガバナンス強化を回避すれば）、あるいは、もしオペレーションのマニュアル化が進んで非常に単純化されれば、パートナーの統制も行い易くなろうし、日本本部側のモニタリングコストも低減できよう。

しかし、筆者がこれまでの海外進出事例を見た限りでは、一般に日本の外食企業は、中小企業ほどオーナーや創業者の職人的なこだわりがオペレーションに色濃く出ており、味やサービスへのこだわりも強い（日本との差や違いを許容しない）。もちろん日本では、それが重要な競争優位となってきたのであり、それが海外でも実現できれば大きな競争力につながるのであろうが、現実には海外において日本と同じ品質の味やサービスを実現することは難しい。

そもそも、海外ではジョブホッピングが激しく、ただでさえノウハウ移転が困難であるからにほかならない。それにもかかわらず、こだわりの強さから現地の店舗スタッフに高度なノウハウを要求することも少なくないのである。すなわち、外食分野では規模が小さい企業であればあるほど、国際化に不可欠なブランド管理に対するガバナンスの方針を確立すること（日本との差の許容範囲の見定め）や、オペレーションの標準化・マニュアル化が進んでいないというのが実態であり、それが海外進出の進展を阻害していると言える。

4 オペレーション・システム構築の支援者

ストレート型での国際フランチャイジングが以上のような問題を抱えているがゆえに、中小企業が多い外食チェーンにおいても、あえて投資リスクを伴う②の「合弁型」や③の「独資型」タイプでの進出を選択されることが少なくない。ただし、その場合は自力で海外でのオペレーション・システムの構築を行う必要が出てくる。合弁の場合はパートナー企業の力を借りることができるが、

独資の場合は100％自力で構築しなければならない。では、合弁や独資で進出する外食チェーンは、経営資源が不足するなかでどのようにしてオペレーション・システムの構築を行っているのであろうか。

この素朴な疑問を解く鍵は、近年急増しているラーメンチェーンの海外進出のなかに見いだせる。すなわち、冒頭でも指摘したように、近年では国内でまだ数店舗しか展開していないような小規模なラーメンチェーンが次々と海外市場に進出している例が多く見られるわけだが、それを可能とする仕組みが存在するのである。その仕組みとは、オペレーション・システムの構築をサポートする外部業者の存在である。すなわち、近年の外食の国際化は多様なサポーティング・インダストリー（以下、SIと表記）によって支えられているのである[5]。

そこで、次に、外食企業による海外でのオペレーション・システム構築を支援し、外食国際化を促進させているSIに光をあて、それらの関与の実態と外食国際化に果たす役割を解明したい。ここでは、とりわけ食材調達システムの構築に寄与するSIに焦点をあて、海外での食材サプライチェーンの構築にどのようなSIがどのような役割を果たしているのかを解明する。

5 外食国際化におけるSI

外食国際化におけるSIにはどのような企業・業者があるのだろうか。**図表6−1**で示した三つのシステム構築の視点から順に整理していきたい。ただし、ここではそれらを包括的にサポート（請け負う）する国内および現地のコンサルティング企業は除外したい。なぜなら、そのようなコンサルティング企業は、

---

[5] まだSIが存在しなかった時代に海外進出した外食チェーンは、自力で海外でのオペレーション・システム構築を行ってきた。例えば、1970年代から米国に進出している吉野家、1990年代に香港に進出した重光産業（味千ラーメン）、1990年代にタイに進出したハチバン（8番ラーメン）などがその好例であり、それらはいずれも自力で多店舗展開可能なシステム構築に成功している。

厳密な意味でのシステム構築のSIとは言い難いからである。すなわち、多くのコンサルティング企業は、手続き関係（各種の届け出代行や許認可申請など）については独自の貢献をするものの、オペレーション・システムの構築に対しては外食企業のエージェント（代理人）として各種の現地SIを仲介・紹介しているにすぎないことが多いからである。

なお、以下の記述は、筆者がこれまで多くの海外の外食企業からヒヤリング調査を行ってきて得た知見がベースとなっている。

（1）食材調達システム構築をサポートするSI

これには、①現地の食品メーカー、②食品加工業者、③卸売業者・輸入業者などが挙げられる。

まず、①現地の食品メーカーには日系の企業と現地資本のものとがあるが、とりわけ外食チェーンのブランド差違性を決定づける調味料関係（タレ、ソース、ダシ類）に関しては、現地メーカーが供給するものは日本のものと味が違っていたり、品質が不安定な（生産ロットごとに味が変化していく）ものも多いため、日系のメーカーでないと代替が難しいとされる。また、現地でオリジナル食材の委託生産をさせる場合はレシピが漏洩するというリスクもある。これらのことから、日系食品メーカーの存在が一つの鍵を握ると言える。

②食品加工業者とは、食材の洗浄やカット、小分け・パック詰め、または煮出しや煮込みなどの下ごしらえの調理を担当する業者のことを言う。例えば、野菜なら洗浄とカットをしてメニューごとに各種の野菜を組み合わせて1皿分ずつ計量して真空パックする作業を、肉類なら部位ごとに分け、変質した部分や余分な脂身のカット・筋切り、ミンチ化、部位の混ぜ合わせなどを行って整形し、計量して真空パックする作業を指す。もちろん、加熱処理や冷凍処理、解凍処理、冷蔵保管も含まれる。場合によっては、各店舗までの配送を請負う業者もある。

これら加工業者の多くは外部の業者であることが多いが、なかには外食企業が自前で建設したセントラルキッチンを利用するケースも見られる（次ページ

の写真参照)。日系外食企業のなかで、本格的な食材加工工場(セントラルキッチン)を有する企業の例は**図表6－2**に示すとおりである。

最後に、③卸売業者・輸入業者もSIとしては重要である。日系の食品卸も少なくないが、香港やシンガポールには日本食材を扱う現地資本の食品卸売業者も多数存在しており、日系外食企業もそのような企業を経由して食材を調達するケースが少なくない。現地資本の卸売業者は、日本の加工食材のみならず食肉や日本酒なども扱っており、そのような卸売りを利用するとかなり幅広い食材が入手できる。特に香港やシンガポールでは、「価格さえ問わなければ入手できない食材はない」というのが多くの日系外食企業の認識であった。

(2) 店舗開発システム構築をサポートするSI

一般に、店舗開発は現地を知らない外食企業にとっては非常に困難な業務である。アジアでは、店舗用の不動産情報の入手自体が困難なケースも珍しくない。日系の不動産仲介業者も存在するが、多くの場合、条件のよい物件情報は日系業者には入りにくいとされているため、海外経験が長い外食企業ほど自力で街を歩いて探索する傾向が強い。また、具体的な物件情報が入手できても、その店舗の立地評価は土地勘がないと理解できないため、日本人には判断が難しいとされる。

このため日系外食企業は、進出先の店舗開発については現地スタッフまたはパートナー企業に実質的に一任しているケースがほとんどである。ならば、店舗開発に絡むSIはないのかというとそうではない。

この店舗開発のSIとしては、①日系の大手小売業者、②現地不動産ディベロッパー、③現地のフランチャイズ・ジー(パートナー)希望者、④現地の日系コンサルティング企業が挙げられる。いずれも、外食企業に代わって店舗不動産を確保してくれる存在であり、日本の外食側の店舗開発にかかわるリスクを大きく低減してくれるものである。

また、このほかに、店舗物件が確保されたあとに必要となる店舗の内装工事や厨房設備の整備と管理にかかわるSIも存在する。具体的には、⑤日系内装

図表6－2　海外に食材加工工場（セントラルキッチン）を有する主な日系外食企業

企業名	店舗ブランド	市場	店舗数	工場数	主要機能
モスフードサービス	モスバーガー	台湾	235	1	肉加工、ライスプレート生産
イタリアントマト	イタリアントマト	香港	30	1	ケーキ製造
ハチバン	8番ラーメン	タイ	100	1	製麺、スープ生産
重光産業	味千ラーメン	中国	605	12	製麺4カ所、スープ生産1カ所、野菜処理7カ所
		米国	13	1	製麺
		カナダ	3	1	製麺
		シンガポール	21	1	製麺
		タイ	7	1	製麺
吉野家	吉野家	中国・深セン	18	1	肉スライス、野菜の下処理
		中国・福建	5	1	同上
		米国	103	1	同上

注：店舗数は2014年3月時点。重光産業は中国に五つの工場と七つの加工配送センターを有する。
出所：各社へのヒヤリング調査に基づき筆者作成。

㈱モスフードサービスの台湾工場。台湾のモスバーガーを支える魔術食品工業股份有限公司（子会社）からはシンガポールやオーストラリア等のモスバーガーにも食材が輸出されている（写真提供：株式会社モスフードサービス）

業者と⑥日系厨房機器メーカーである。

　まず、①日系の大手小売業とは、日系百貨店や日系 GMS を指す。それらがアジアに進出する場合は、地元の競合小売業と差異化するため、日系の外食ブランドを誘致することが多い。すなわち、地下の食品売り場の周辺やレストラン街に日系の外食を誘致するのである。実際、初めての海外進出がこのような日系大型店の誘致によるものであるケースも少なくない。特に、国内で既にテナントとして入居している大型小売業からの誘致は、最もリスクが小さく、安心して店舗物件が確保できるケースと言えよう。ただし、家賃が高いことがネックとなっている。

　これに類似したものが、②現地の不動産ディベロッパーからの誘致である。これは、新しいショッピングセンターの開業に合わせた誘致が多く見られる。ただ、現地のディベロッパーが直接集めるのではなく、日系の不動産仲介業者やコンサルティング企業などが間に入って、ディベロッパーの依頼を受けて日系外食企業を集める（コーディネイトする）ことも多い。このような現地のショッピングセンターに出店する場合は、一般には前掲の日系大型店より入居後の条件交渉が難しくなるケースもあるため、リスクは高まる。

　次に多いのは、③現地企業が日本の外食企業をフランチャイズで展開したいと申し出てくるケースである。近年では、アジア各国から多くの日本の外食企業にフランチャイズ契約のオファーが来ている（特に、ラーメンやトンカツのチェーンに集中している）。

　実際、近年急増する進出のほとんどが、そのような海外からのオファーによるものである。なお、オファーの主は海外で外食ビジネスをしている企業とは限らず、外食未経験の企業も多い。さらには個人投資家も多く見られるが、その場合は、短期でのリターンを期待した投資案件としてフランチャイズ事業を捉える場合も多く、注意が必要となる。

　また、近年では、④現地の日系コンサルタント企業や日系外食企業（現地法人）からの誘致も見られる。シンガポールや香港で人気を集めている「らーめんチャンピオン」（次ページ写真参照）のように、海外の日系コンサルタント企業が日本の有名ラーメン店を集めて飲食集積を構築するケースも見られる[6]。

シンガポールの「らーめんチャンピオン」。現地日系企業が日本から六つの人気ラーメン店を誘致し2011年に開業

　繰り返すまでもなく、以上のSIは、どれも日本の外食企業が店舗物件を探索する手間を大幅に削減してくれる存在である。
　ところで、店舗開設に不可欠なSIとして⑤日系内装業者がある。ブランドコンセプトを体現する店内インテリアをどのようにデザインするのか、またその工事をいかに低コストで、開業日に合わせて完工させるのかは、海外に進出した外食業にとって難しい課題となっている。現地の業者を使うとコストは大幅に安くなるわけだが、納期が大幅に遅れることが多く、それにより開業日が遅れてしまい家賃や食材の調達が無駄になるケースも多いからである。したがって、この内装工事のSIとして、現地にある日系の内装業者が重要な役割を果たしている。
　さらに、⑥日系厨房設備メーカーも重要なSIとして機能している。厨房設

備（冷蔵庫、ガス台、フライヤーなど）は、その性能が調理効率や収益性（顧客回転率）に直結する。また、故障すると営業が出来なくなるため、耐久性が要求されるとともに正確なメンテナンスと故障時の機敏なアフターサービスが求められる。日系の厨房機器メーカーは、近年、アジア各地にアフターサービス拠点を立地させているため、メンテナンスや修理に機敏に対応する体制をとっている点で外食企業にとっては頼りになる存在となっている。

（3）人材育成システムの構築をサポートする SI

アジアでは外食業界に来る優秀な人材が乏しく、またジョブホッピングも日常的であり、継続的な人材育成が図りにくい傾向が強い。特に外食チェーンの場合は、多店舗展開が前提であるため、店舗の増大とともにいかに継続的に店長候補となるマネージャークラスの人材育成が課題となっている（本部の幹部クラスになると定着率が上昇するのが一般的である）。

筆者のこれまでのヒヤリング調査によると、このことは多くの日系外食企業にとって最も解決が困難な最大の課題とされている。この人材育成への対策としては、給与面や昇進面でのインセンティブの拡大や福利厚生の充実などがなされているものの、大きな効果が上がっていないというのが実態である。

とはいえ、現地の有力企業をパートナーとして選択した外食企業のなかには、この人材確保と育成問題が大きな問題とはなっていない企業も見られる。例えば、タイの大手小売資本である「セントラル」の子会社である「セントラル・レストランズ」社と組んでいる日系外食では、「マネージャークラスの人材はセントラル側が確保・育成してくれるので問題はない」としている。セントラルグループはタイの一流企業であることから、もともと優秀な人材が集まり、

---

(6) コマースグループ（KOMARS F&B PTE.LTD、松田幸樹代表）は、日本でラーメン店をプロデュースする麵屋こうじグループ（田代浩二社長）と組んでシンガポールに3か所、香港に2か所、タイに1か所、ラーメンの集積施設を展開している。なお、同社は2014年4月に日本の外食大手のダイヤモンドダイニング社に買収され、同社の東南アジア事業の拠点となった。

さらに定着率も高いからである。この場合は、現地の有力パートナーがSIの役割を果たしていると言えよう。

以上、外食の海外進出の鍵となる現地でのオペレーション・システム構築の際に、どのような外部企業が関係しSIとして機能するのかを整理した。そこで、次にそれら多様なSIが具体的にどのような役割を果たしているのかを見ていきたいが、本章では紙幅の制約があるため、食材調達システム構築をサポートするSIに焦点をあて、次節でより具体的に見ていきたい。

6 食材調達システム（サプライチェーン）構築にみる日系SIの役割

（1）日系食品メーカーの役割

　一般に、新興市場で流通している食材は品質が低い場合や、品質が不安定（日によって異なる）な場合が多い。したがって、野菜などの生鮮品を除いた加工食品については、日本から輸入される傾向が高かった。とりわけ、外食企業にとって調味料関係は、日本からの供給に依存する割合が高かった。

　なぜ、調味料類をコストの高い日本からの輸入に依存してきたかというと、調味料は企業ブランドを体現する存在でもある「味」を決定づけるファクターであり、その製造法にはオリジナルなノウハウが詰まっており、企業機密性が高いゆえに、その生産を現地企業に委託するとレシピの漏洩リスクが高まるからである。

　また、調味料などを生産するにあたっては微妙な味の調整を行わねばならないが、日本の味を知らない現地企業に委託すると「もう少しコクを強くして欲しい」、「もっとすっきりとした味わいにして欲しい」などといった微妙な味に関するコミュニケーション（摺り合わせ作業）が、食文化や言語の壁で成立しないこともある。さらに、店舗数が少ない段階ではロットがまとまらないため生産委託自体が困難となることも少なくなかった。とはいえ、日本からの輸入

図表6－3：主要日系食品メーカーのアジア生産拠点

企業	中国	香港	台湾	タイ	シンガポール	マレーシア	インドネシア	フィリピン	ベトナム
味の素	6	1(13)		6(62～13)		1(64)	2(69, 12)	1(62)	2(92, 08)
紀文			1(99)	1(93)					
キユーピー	2(94, 03)			1(87)		1(10)	1(14)		1(12)
キッコーマン	3(00, 06, 08)		1(90)	1(05)	1(83)				
ヤマモリ				2(04)					
ミツカン	3(04買収)			1(95)					
日清製粉	4(88, 93, 95, 01)	1(85)		2(89, 93)			1(12)		1(14)
アリアケ	1(95)		1(06)						

注1：(　)内の数字は工場稼働年（西暦の下2ケタ）。
注2：グレーの部分は2000年代後半以降に工場が新設されたところ。
注3：キッコーマンの中国の1拠点とタイの拠点は、買収したデルモンテの生産拠点。
出所：各社HPおよび社史、IR資料より筆者作成。

は輸送コストや関税の高さから食材原価率を押し上げ、販売価格の上昇や利益の低下を生じさせていたというのが実態で、食材調達の現地化は各社の課題となっていた。

　そこで、各社とも順次、食材の現地化に取り組んできたわけだが、それを一気に加速化させたのが、2011年3月11日に発生した東日本大震災が引き起こした福島原発事故であった。この事故により、日本からの輸入食品に対しては厳しい規制（または輸入禁止）措置が講じられるようになり、各社はコアとなる食材が調達困難な状況に陥り、メニューの一部が提供できなくなったり、一部の内容を変更せざるを得なくなったのである。

　この苦い経験を踏まえて、日系外食チェーン各社は一斉に食材の現地調達比率を拡大し、リスクを回避するとともにコストを低減させる方向に転じている。その際に重要なカギを握ったのが、アジア各地に展開する日系食品メーカーであった。図表6－3に示すように、日系食品メーカーは、近年、独自にアジア市場の開拓のため工場の海外展開を進めてきている。特に、調味料を生産するメーカーの現地拠点は日系の外食企業にとっては貴重な存在となった。

タイ・ヤマモリ製のしょう油とソース（家庭用）。タイの合弁工場では、家庭用のほか、食品加工業者向けの調味料類を生産する（バンコク市内のスーパーにて）

　例を挙げると、2010年にキユーピーのマレーシア工場が稼働したが、これによってシンガポールの日系外食チェーンが日本から輸入していたマヨネーズ系のソースをキユーピーのマレーシア工場からの調達に変更している（ヒヤリングによる）。またタイでは、ヤマモリ（醤油、ダシ）の工場が複数の日系外食チェーンに多様なタレやソース類を供給するSIとして機能している。もともとタイは調味料の輸入規制が厳しく、日本から輸入しようとすると詳細な成分と分量を明らかにしなければならず、レシピ秘匿上の問題が生じる。したがって、2007年にタイで開業した日系外食チェーンも、当初から30種類にも及ぶソース類も含めたすべての食材を現地調達するサプライチェーンを構築したが、レシピの秘匿が必要な食材については、8割が日系の食品メーカーや食品加工業者からの調達とされる（ヒヤリングによる）。
　このように、現地での食材のサプライチェーンを構築するにあたっては、特に外食の味に深くかかわる部分については、日系食品メーカーがSIとしてのカギを握ってきたのである。なぜ日系なのかと言うと、先にも述べたように、

日系はレシピの秘密保守に関する信頼性が高いことと、担当者が日本人のため味の調整がやりやすい（味に関する暗黙知を共有している）からである。

以上のことから、今後の日系外食のアジア進出については、進出先に日系食品メーカーが存在するかどうか、とりわけ日本で取引のある（調味料生産などを委託している）メーカーが存在するかどうかが、進出後のサプライチェーン構築に大きな影響を及ぼしていると指摘できよう。

（2）日系食品加工業者の役割

近年、アジア市場では日本のラーメンが大ブームとなっている。ラーメンの主要食材は麺とスープ・タレであり、比較的シンプルである。しかし、麺（特に生麺）の現地調達は意外なことに非常に難しい。日本のラーメンは中国料理の湯麺がベースであるため、華人系住民が多く住むアジア地域なら麺の調達は容易に思えるが、実際には、湯麺とラーメンとでは麺もスープも大きく異なっているため、ラーメン用の食材入手は難しいのである。

日本のラーメンの麺には「かん水」と呼ばれる液体（アルカリ塩水溶液）が添加されており、それが独特のコシやシコシコ感を出している。太さや縮れ具合はスープの特性に合わせたものとなっており、チェーンごと、スープの種類ごとにカスタマイズされて生産される。一方、中華麺ではかん水が使用されていないため柔らかな食感のものとなり、形状もストレートで縮れたものはない。また、アジアや欧米ではかん水を継続的に摂取すると健康に悪いとされており、法的に使用が制限されている地域も少なくない。したがって、海外で地場業者からかん水が入った生麺や縮れ麺を調達することは困難となっている。

現在、日本のラーメンチェーンのなかで最も多くの海外店舗を展開する重光産業[7]の「味千ラーメン」の場合でも、1995年頃、最初の海外進出先となる香港の事業家からオファーがあった際、生麺を調達する目処が立たず海外進出を

---

[7] 重光産業は、2014年11月時点で海外10か国に671店舗を展開している。同社は、2017年までに海外1000店を目標としている（2013年12月の上海でのヒヤリングより）。同社の海外進出の経緯については、川端［2010］第8章に詳しい。

見合わせたという経緯がある。乾麺では食感が変わってしまうし、かといって生麺では日持ちが短く、日本から空輸すると輸送費や関税が高くついてしまうからである。同社の場合は、たまたま香港人で味千ラーメンのノウハウで製麺工場をやりたいという人物が出現したことで現地での生麺供給に目処が立ったため、1996年に最初の海外店となる香港1号店を開業することが出来た。

先の**図表6－3**でも示したように、同社は現在、中国大陸に4か所の製麺工場を自前で開設して、大陸各地の店舗に供給している。また、タイとシンガポール、米国とカナダでも製麺を行っている。その他の進出先（台湾、マレーシア、インドネシア、ベトナム、フィリピン、オーストラリア、韓国）には、深センの工場から半生麺が供給（輸出）されている。

このように、ラーメンチェーンにとっては、生麺を海外でどのように調達するのかが最大の課題となっている。そこで近年では、日系の製麺業者が独自にアジア進出を進めてきている。

図表6－4は、主要日系製麺企業の海外進出動向を見たものである。この表に掲げた製麺業者は、各地で日系のラーメンチェーン店に生麺を供給しているが、むしろ日系のラーメンチェーンにとっては、これらの製麺業者が現地に立地していることが進出の決め手になっていることも多い（右ページ写真参照）。その意味では、このような日系製麺業者は、日本の外食企業による海外進出のSIというより、進出のインフラとして機能していると言える。それだけに、製麺業者が立地していない市場では、自家で製麺した生麺を使うか、冷凍麺を日本から空輸するしか手がないため、それなりのコストと手間がかかることになる。

ラーメンチェーンにとって、もう一つの基幹食材となるのがスープである。ラーメンのスープは、厳密に言うとオリジナルのタレを丼の中に入れ、それを豚骨や鶏、魚介や野菜などを煮出したスープで溶いた（薄めた）もののことである。日系チェーンの多くがタレを日本から輸入しているが、それを溶くスープは現地（店内など）で毎日煮出すというスタイルが基本となっている。しかし、スープの煮出しには時間とコストがかかるので、近年はそれを日系の加工業者（製麺業者のなかにも供給するものがある）から購入しているラーメンチ

図表6-4　主要日系製麺業の海外進出状況

企業名（本社所在地）	進出先
カネジン（札幌）	シンガポール（2010年）、タイ（2011年）、香港（2013年）
小林製麺（札幌）	米国（ロサンゼルス2010年）
桃太郎食品（岡山）	マレーシア（1992年）
宝産業（京都）	米国（ロサンゼルス2009年）、中国（天津2009年、深セン2010年、上海2012年）、タイ（2012年）
サンヌードル（ハワイ）	米国（ホノルル1982年、ロサンゼルス2004年、ニュージャージー2012年）

出所：各種資料、ヒヤリングなどにより筆者作成。

シンガポールの日系製麺業者の生産ライン。1日6,000食の麺を50社に供給している

ェーンも少なくない。さらには、タレそのものも特注生産して供給してくれる加工業者も存在している。

　中国や香港、シンガポールやタイは、製麺業者とタレ・スープの加工業者が揃っている市場であることから、日本からは何も持参せずとも、日本と同じ味のラーメン店が開業できる環境にあると言えよう。このことが、シンガポールへの進出増大につながっているのである。

7 外食の海外進出におけるバリューチェーンとは

（1）海外市場を捉える新たな視点

　冒頭で示したように、近年の日系外食チェーンの海外進出行動には、アジアへの集中的な進出や中小チェーンの進出、ラーメンチェーンの進出増などの特徴が見られた。また、海外進出をしたものの、現地で思うように利益が上がらないチェーンが多いことも事実である。これらの現象の要因を、本章の分析をもとにして整理しておきたい。

　まず、アジアには日系外食チェーンのアジア進出を支える多様な SI が集積してきており、また日系外食企業を誘致する現地企業も多く存在することが、アジアへの集中的な立地を促していることが判明した。次に、海外進出に必要な経営資源や経験を有しない中小チェーンでも、現地の SI のサポートによって進出が可能となっていることも明らかとなった。特に、ラーメン店の進出に影響の大きい、生麺とスープ・タレ関係の SI が増大してきていることが近年のラーメンチェーンの進出増につながっていると言えよう。

　繰り返すまでもなく、これは海外での食材調達も含めたオペレーション・システムの構築が比較的容易になりつつあることを意味する。外食の海外進出現象を語る際には、ともすれば川下である市場との適合性（現地消費者の所得や食文化、ライフスタイルとの適合性）に目が行きがちであるが、本章から、むしろ川上とも言うべきオペレーション・システムの構築が鍵を握ることが明らかになったと言えよう。

　したがって、海外に進出した外食チェーンの多くが思うような利益を上げられていない理由も、現地の食文化への対応の失敗というよりも、現地でのオペレーション・システム構築がうまく出来なかったことによるものと見てよかろう。システム構築の失敗要因には、オペレーション・システムの構築をサポートする現地パートナーの選択や SI の選択の失敗も含まれている。オペレーション・システムの構築がうまくいかないと、現地での消費者対応も十分に出来

ないことは言うまでもない。

　その意味では、今後、海外市場に進出しようとする外食チェーンは、所得上昇や日本食への関心の高まりなどといった曖昧な現地市場の可能性といったものより、現地でのSI企業群（特に日系企業）の集積の厚みに着目すべきと言える。SIを外食国際化の「インフラ」と見なすならば、今後は自社にとってどのようなインフラが必要であるのかを冷静に認識し、どのようなインフラがどこに存在・集積しているのかを見定めて、進出先を決定することが課題になるであろう。

（2）「誠実さの連鎖（honest chain）」を目指す

　本章の分析から、オペレーション・システムの構築に際しては、アジアに立地する多様な日系企業のネットワークが重要になることも明らかとなった。筆者によるこれまでのヒヤリング調査では、特に進出の歴史が浅い外食企業ほど、日系のネットワークへの依存度が高いことが判明している。コスト的には高くつくが、何より長期での取引コストが低減されることと、食の安全・安心、品質の安定への信頼感が大きなメリットとされる。

　言うまでもなく日本食は、安全・安心という評価＝バリューとともに健康的というバリューも獲得している。何より、そのようなバリューが日本の外食チェーンの競争優位性であることも間違いない。したがって、日本の外食チェーンが海外市場で目指すべきこととは、この優位性をいかんなく発揮することに尽きる。

　具体的には、「安全な食材を生産・確保し、それを衛生的に輸送・保管・加工調理し、衛生的で付加価値の高い（立地やインテリア）食事環境（店舗）で、価値あるメニュー（現地の食文化や健康観あるいは外食事情に照らして付加価値やコストパフォーマンスが高いメニュー）を、すぐれたサービスと共に提供すること」となるであろう。

　しかし、これを実現するのは容易なことではない。例えば、以下のような課題が挙げられる。

- 安全な生産が行われているのか。
- 安全な輸送・保管・加工されているのか。
- 生産・輸送・保管・加工の適正さをどう確認するのか。
- 衛生的に調理する調理人をどう継続的に確保・育成するのか。
- 店舗を衛生的に管理するマネージャーをどう継続的に育成するのか。
- 現地の価値観に合った店舗立地やインテリアをどう実現するのか。
- 現地の価値観に合ったメニューを開発する仕組みをどうつくるのか。

とはいえ、より重要なことは、これらが「途切れずに連続的に達成」されなければならないことである。顧客の「信頼」は、各部分における対応の確かさよりも、その連続性（チェーン形成）の確かさに依拠していると言ってよいからである。これは「信頼の連鎖」とでも言うべきものであろうが、さらに言うなら、これは各段階で連鎖に関与する企業や人々の「誠実さ」に支えられていることを忘れてはならない。すなわち、途中で一か所でも不誠実な対応（モラルハザード）が生じれば、そのチェーンは成立しないのである。その意味では、つまるところこれは「誠実さの連鎖（honest chain）」だと言うことが出来よう。この連鎖の構築こそが、日本の外食チェーンが海外で目指すべきバリューチェーンの本質なのである。

このように考えるなら、海外の日系外食チェーンが、信頼性（誠実さ）の高い日系の関連企業（SI）を多く活用していることも理にかなうことと言える。実際、誠実さの連鎖の構築には、日系の関連企業（SI）の活用が不可欠とも言えるが、現状では海外で誠実さの連鎖を構築することは極めて難しい。それは、誠実さが担保された関連企業の少なさもあるが、日系の関連企業を多く利用するとコスト面で見合わなくなるからである。したがって、そのコスト相応のバリューを現地の消費者に理解してもらうための努力と工夫が課題となろう。

いずれにしろ、日系外食チェーンの課題は、海外での「誠実さの連鎖」をベースとしたオペレーション・システムの構築にあるといえ、それこそが海外市場での成長を担保する条件と言える。

［付記］本章は、拙著［2014b］をベースに、冒頭と最後の部分を中心に大幅な改変を加えたものである。また、本章は、2013年度関西学院大学個人特別研究費による研究成果を含んでいる。

参考文献一覧

・川端基夫［2010］『日本企業の国際フランチャイジング：新興市場戦略としての可能性と課題』新評論。
・川端基夫［2013a］「日系ラーメンチェーンによる海外での食材調達システムの構築プロセス──国境を越えた味の標準化に対する阻害要因」商学論究（関西学院大学）、60（4）325～341ページ。
・川端基夫［2013b］「外食グローバル化のダイナミズム──日系外食チェーンのアジア進出を例に」流通研究（日本商業学会）、15（2）1～21ページ。
・川端基夫［2013c］「アジアへの外食チェーンの進出とそのダイナミズムの検討」『2012年度 APIR 報告書：日本企業の立地先としてのアジアの魅力とリスク』（アジア太平洋研究所）、第5章所収．（アジア太平洋研究所編『2013年　関西経済白書』第3章5節、131～139ページおよび英文版に要約を再掲）。
・川端基夫［2014a］「外食企業によるアジアでのサプライチェーン構築とサポーティング・インダストリーの役割」『2013年度 APIR 報告書：日本企業のアジア立地とサプライチェーン』（アジア太平洋研究所）第5章所収。
・川端基夫［2014b］「日系外食企業の海外進出に果たすサポーティング・インダストリーの役割」商学論究（関西学院大学）、62（1）41～59ページ。
・川端基夫［2015］『外食国際化のダイナミズム：「オネスト・チェーン」という競争優位』新評論。

第7章
日系銀行業の中国立地展開とバリューチェーン

1　日本企業の中国への事業展開をサポートする日系銀行業

　中国が「世界の工場」だけでなく「世界の市場」として認識されるに伴って、中国国内での販売を目的とした日本企業の中国への事業展開が拡大してきている。また、中国における日本企業の事業拠点の立地場所は、上海市など沿海部の中心地域から江蘇省など沿海部の周辺地域、さらには内陸部の諸地域へと地理的に拡大する傾向が見られる。そのため、日本企業がどのような事業拠点を中国のどのような地域に立地していくのかといった「中国立地展開」についての研究が重要になって来ている。

　日本企業の中国国内販売の増大に伴って、人民元での取引が拡大していくわけだが、これによって、日系銀行業（邦銀）が事業拠点を中国の諸地域に設置し、顧客である日本企業の人民元での取引拡大を金融面でサポートする必要が生じることになる。また、日本企業の中国への立地展開においては、大企業だけでなく中小企業の進出も増大してきているなか、中小企業が中国の諸地域に事業拠点を設立するためには、邦銀の中国事業拠点による進出サポートも必要となる。

　以上の点から、邦銀の事業拠点は様々な業種の日本企業の中国立地展開とバリューチェーン構築に深く関与しており、邦銀の中国立地展開の研究は、特に

重要であると考えられる(1)。

本章では、邦銀の中国立地展開の特徴と論理を明らかにするために、邦銀の中国立地展開の歴史的変遷を整理するとともに、邦銀の事業拠点が集積している上海市に焦点を合わせて、邦銀の中国立地展開とその背景を検討する。なお、邦銀の海外における事業拠点としては、「駐在員事務所」、「支店」、「現地法人」などの形態があることを申し添えておく。

駐在員事務所では、営業活動（銀行業務）を行うことができない。そのため、現地で銀行業務を行うためには、支店あるいは現地法人へと事業拠点を変更する必要が出てくる。ただし、支店も現地法人と同様の銀行業務を行うことができるため、必ずしも支店から現地法人へと移行するわけではない。支店と現地法人のどちらの形態が選択されるのかは、進出先の国・地域の法規制などによって判断される(2)。

したがって、中国の法規制など「制度的な立地環境」を踏まえながら、駐在員事務所の支店化や、支店の現地法人化といった事業拠点の変化についても検討する。

2 邦銀の中国立地展開の歴史的変遷

図表7-1は、1985年、1990年、1995年、2000年、2005年、2010年の各時点での邦銀の中国拠点の地理的分布（拠点数）を示している(3)。ちなみに、△が駐在員事務所を、〇が支店を、◎が現地法人を表している。邦銀の最初の中国拠点は1980年に設置されており、その後の動向を5年ごとに見る。

なお、中国の諸地域を「北部沿海部」、「中部沿海部」、「南部沿海部」、「内陸部」の四つに区分するとともに、邦銀の中国拠点の立地場所を都市レベルで見る。また、邦銀の中国拠点の中心地である上海市については、浦西地域と浦東新区に分けている。

邦銀の中国拠点の地理的分布（拠点数）の推移から、以下のような発展段階が認識できる。

図表7－1　邦銀の中国拠点の地理的分布（拠点数）

	1985年	1990年	1995年	2000年	2005年	2010年
北部沿海部						
北京市	△18	△22	△20, ○1	△9, ○3	△3, ○2	△2, ○3
天津市		△2	△2, ○2	△2, ○3	△1, ○2	△2, ○3
遼寧省 大連市	△6	△9	△5, ○6	△4, ○6	△2, ○3	△2, ○3
瀋陽市				△1	△2	△1, ○1
山東省 青島市		△2	△1, ○1	○1	○1	○2
中部沿海部						
上海市 浦西地域	△12	△14	△17, ○11	△14	△17	△16
浦東新区				△2, ○9	△10, ○4	△11, ○4, ◎3
江蘇省 南通市		△1	△1	△1	△1	△1
無錫市				△1, ○1	△1	○1
南京市				△1	△1	
蘇州市					○1	△1, ○2
浙江省 杭州市					○1	○2
南部沿海部						
広東省 広州市	△8	△10	△9, ○2	△6, ○1	△2, ○1	○2
深圳市	△2	△1, ○4	△1, ○4	○3	○2	○2
福建省 福州市		△1	△1			
厦門市			△1	△1	△1	△1
海南省 洋浦開発区				○1		
内陸部						
湖北省 武漢市			△2	△3	△1	○1
四川省 成都市			△1	△1	△1	○1
重慶市				△1	△1	△1
合　計	△46	△62, ○4	△61, ○27	△47, ○28	△44, ○17	△39, ○27, ◎3

注1：リース業など銀行業務以外の事業拠点は除く。また、香港の拠点は除く。なお、中央銀行・政府系金融機関や信用金庫は調査対象から外している。
注2：△は駐在員事務所を、○は支店を、◎は現地法人を示す。
注3：データは、東洋経済新報社編『海外進出企業総覧』および各社ホームページ（ニュースリリース）。
出所：鈴木［2012］93ページ。

---

(1) 邦銀の中国立地展開についての研究は不足しており、鈴木［2011］［2012］以外には見当たらない。ただし、邦銀の海外立地展開についての研究は、芳賀［1998］やFujita and Ishigaki［1986］がある。芳賀［1998］は、邦銀の海外店舗の都市別立地の展開について世界的な都市群システムの観点から研究している。また、Fujita and Ishigaki［1986］は、1970年代の邦銀の海外事業拠点の特徴について、北米、欧州、アジアなど世界の主要地域別に考察している。

(1) 邦銀の中国立地展開の始動期

1980～1985年は、日本の大手銀行（都市銀行、長期信用銀行、信託銀行を含む）の多くが中国進出を始めた時期であり、邦銀の中国立地展開の「始動期」と呼ぶことができる。最初、北京市に駐在員事務所が設置され、その後、上海市、広州市、大連市、深圳市にも駐在員事務所が設置された。

この時期に邦銀の中国への立地展開がスタートした背景としては、1970年代末からの中国政府の改革・開放政策（外資導入政策）により、顧客である日本企業の中国進出が開始されたことが挙げられる。ただし、外資系銀行の支店の設置は禁止されていたため、邦銀の事業拠点はすべて駐在員事務所であった。

(2) 邦銀の中国立地展開の拡張期

1986～1990年は、日本の大手銀行のすべてが中国進出を完了し、少数ではあるが地方銀行など（第二地方銀行を含む）の中国進出も開始された。邦銀の事業拠点数が増大した時期であるので、この時期を「拡張期」と呼ぶことができる。

だが、外資系銀行の支店の設置は、原則として禁止されていたため、改革・開放が先行した深圳市への支店設置を除くと邦銀の事業拠点は駐在員事務所に限定された。この時期は、プラザ合意を契機とした円高により、顧客である日本企業の中国進出が本格化した時期でもあった。

(3) 邦銀の中国立地展開の発展期

1991～1995年は、外資系銀行の支店設置が可能となり、大手銀行が上海市などの駐在員事務所を支店化したため、中国における邦銀の支店数が増加した。また、地方銀行などの中国進出も増加している（駐在員事務所を主に上海市に設置）。以上のことから、この時期は「発展期」と呼ぶことができる。

この時期、沿海部の諸都市（大連市や広州市、天津市など）への立地も増加

したが、上海市への集中立地の傾向が顕著になってきた。なお、バブル経済の崩壊によって邦銀に不良債権が発生したものの、1990年代前半の円高のさらなる進展に伴い、顧客である日本企業の中国進出が急増したため、邦銀の中国事業拠点が拡充されたと考えられる。

（4）邦銀の中国立地展開の転換期

1996～2000年は、不良債権の問題によって一部の邦銀が経営不振となり、そのため中国からの事業拠点の撤退も生じた。中国における邦銀の事業拠点数が減少傾向に転じた時期であり、「転換期」と呼べる。

この時期、中国のWTO加盟に向けて、人民元業務が一部の地域で可能になった。また、中国政府の金融施策により、上海市の浦東新区に国際金融センターが形成促進された。このことに対応して、邦銀（大手銀行）の上海支店が浦西地域から浦東新区へと立地移動している。

（5）邦銀の中国立地展開の再編期

2001～2005年は、日本の大手銀行の合併・統合が進展し、それに伴った店舗統合により中国事業拠点数（特に支店数）が減少した時期であり、「再編期」と呼べる。

この時期に、上海市に駐在員事務所を設置する地方銀行などが増加している。また、浦東新区に立地する割合が上昇した時期でもある。なお、2001年の中国

---

(2) 川本［1995］195～196ページを参照。
(3) 『海外進出企業総覧』には、海外現地法人の下に設置された支店については記載されていない場合が多い。2007年から2009年にかけて、邦銀3行が中国に現地法人を設立し、現地法人が支店を管轄するようになった。そのため、2010年時点の中国事業拠点のデータについては、当該の各行のホームページ（ニュースリリース）のデータも利用した。なお、本章で考察する邦銀には、都市銀行、信託銀行、長期信用銀行、地方銀行、第二地方銀行が含まれる。中央銀行・政府系金融機関や信用金庫については研究対象から外している。

のWTO加盟を契機として、顧客である日本企業の中国進出が拡大するとともに、中国政府の外資系銀行に対する規制緩和が進展した（人民元業務の可能な地域が拡大）。

（6）邦銀の中国立地展開の再発展期

2006〜2010年は、みずほ銀行（みずほコーポレート銀行）、三菱東京UFJ銀行、三井住友銀行の三大邦銀が上海市に現地法人（中国本店）を設置するとともに、支店網を地理的に拡大した（内陸部の都市にも支店を設置）。また、上海市に駐在員事務所を設置する地方銀行などがさらに増加もしている。邦銀の中国事業拠点が再び増加した時期であり、「再発展期」と呼べる。

この時期に邦銀の中国進出が再び活発化した背景として、中国国内販売を目的として顧客である日本企業の中国進出が引き続き拡大したことや、外資系銀行に対する規制緩和がさらに進展したこと（すべての地域で人民元業務が可能に）、三大邦銀の不良債権処理がほぼ完了したことが挙げられる。

3 上海市における邦銀の立地展開

次に、上海市における邦銀の事業拠点に注目して、邦銀の上海市への立地展開の特徴と背景について検討してみる。

（1）邦銀の上海市への立地展開の特徴

上海市における日系製造業の現地法人の場合は、郊外の工業開発区（松江工業開発区など）に立地する場合も多いが、邦銀の場合は上海市中心部のオフィスビルに限定して立地している。邦銀の上海市での立地場所は、「浦西地域」と「浦東新区」である。浦西地域は従来からの上海市中心部（市街地）であり、長寧区や静安区、盧湾区、黄浦区などを含んでいる。一方、浦東新区は新しく

第7章　日系銀行業の中国立地展開とバリューチェーン　157

浦東新区の金融センターには近代的なビル群が立ち並んでおり、「未来都市」を思わせる

開発された地区であるが、中国政府の金融施策が理由で、浦東新区の陸家嘴エリアに「金融中心」（金融センター）が形成されてきた。

　前述の**図表7－1**に示されるように、1985年時点および1990年時点では、上海市における事業拠点（1985年が12拠点、1990年が14拠点）はすべて駐在員事務所であり、そのすべてが浦西地域に立地していた。それが、1995年時点になると駐在員事務所（17拠点）だけでなく支店（11拠点）が上海市に設置されたわけだが、従来と同等にすべてが浦西地域への立地となっていた。

　なお、1990年代に入って上海市に支店が初めて開設されているが、これは1980年代に設置された駐在員事務所が支店化したものである。1991年〜1995年に上海支店を設置した邦銀（11行）は、都市銀行が9行（あさひ銀行、さくら銀行、三和銀行、住友銀行、第一勧業銀行、大和銀行、東京銀行、三菱銀行、

富士銀行)で、長期信用銀行が2行(日本興業銀行、日本長期信用銀行)であった。その他の都市銀行では、東海銀行が1997年1月に上海支店を開設している。

2000年時点では、上海市における支店(9拠点)はすべて浦東新区に立地している。また、駐在員事務所(16拠点)のうち2拠点が浦東新区に立地している。上海支店は1995年時点に比べると2拠点減少しているが、それは、東京銀行と三菱銀行の合併に伴う支店統合と、大和銀行や長期信用銀行の支店撤退が原因である。浦東新区の上海支店は、基本的に浦西地域から移転してきたものである[4]。また、浦東新区の駐在員事務所(2拠点)についても、すでに1990年代前半に浦西地域に設置されていたものが移転してきている。

2005年時点では、上海市における支店(4拠点)のすべてが浦東新区に立地しているとともに、駐在員事務所(27拠点)のうち10拠点が浦東新区に立地している。また、2010年時点では、上海市における支店(4拠点)および現地法人(3拠点)のすべてが浦東新区に立地しているとともに、駐在員事務所(27拠点)のうち11拠点が浦東新区に立地しており、浦東新区に立地する割合が上昇する傾向が見られた。

ただし、2010年時点においても、上海市の駐在員事務所の59.3%(16拠点)は浦西地域に立地しているので、浦西地域の立地環境上の利点も少なからずあると推測される。なお、浦西地域に立地している駐在員事務所の多く(11拠点)は、同じ場所の同じオフィスビル(長寧区の上海市国際貿易中心)に入居している。

ところで、2005年時点では、邦銀の合併・統合を反映して上海市の支店数は4拠点まで縮小している。同時期、邦銀の都市別の支店数は、大連市が3拠点、北京市が2拠点、天津市が2拠点、深圳市が2拠点、広州市が1拠点、蘇州市が1拠点、杭州市が1拠点となっており、支店立地は中国の各都市に比較的分散しているようにも見える。だが、支店の従業員規模(2005年データ)を見ると、やはり上海市への集中立地が顕著であることが分かる。

例えば、三菱東京UFJ銀行の場合、上海支店の従業員数は308人(うち日本人スタッフ33人)なのに対して、大連支店は53人(5人)、北京支店は83人

浦西地域にあるオフィスビル（上海市国際貿易中心）には邦銀の駐在員事務所など日本企業の事務所が多数入居している

（7人）、天津支店は44人（4人）となっている。また、三井住友銀行の場合、上海支店は207人（35人）なのに対して、天津支店は52人（4人）、広州支店は54人（5人）、蘇州支店は56人（6人）、杭州支店は27人（1人）となっている[5]。

2010年時点では、上海市に支店（4拠点）だけでなく現地法人（3拠点）が設置されており、邦銀の上海市への集中立地がさらに進展している。現地法人の従業員規模を見てみると、みずほ銀行（みずほコーポレート銀行）が約750人、三井住友銀行が約1,000人、三菱東京UFJ銀行が約1,300人というように、

---

(4) 1997年に設置された東海銀行の支店については、当初から浦東新区に立地している。
(5) 支店の従業員数データは『海外進出企業総覧』による。なお、2008年に開設された三井住友銀行の北京支店は45人（3人）である（2008年データ）。

非常に大規模である[6]。また、現地法人は中国本店の役割があり、中国諸地域の支店を管轄することになる。そのため、現地法人の上海市への設置は、邦銀の中国への事業展開において「新たな発展段階」に移行することを意味すると考えられる。

(2) 浦西地域と浦東新区の立地環境

以下では、上海市に立地している邦銀の事業拠点でのインタビュー調査に基づき、上海市への立地展開の背景について、特に浦西地域と浦東地域の立地環境上の利点について考察してみる。なお、インタビュー調査を行ったのは、浦東新区にあるA行の現地法人と、浦西地域（長寧区）にあるB行の駐在員事務所であり、調査時期は2011年3月である。

図表7-2は、邦銀A行の上海市における立地展開パターンについて示したものである。A行は駐在員事務所を1980年代前半に上海市に開設したが、立地場所は浦西地域であった。その後、1990年代前半に駐在員事務所を支店化しているが、その際も浦西地域に立地したままであった。

A行の現地法人およびB行の駐在員事務所での聞き取りで、上海市の浦西地域は、顧客企業の日本企業の多くが立地している郊外の工業開発区（松江工業開発区など）から地理的に近接しているという立地環境上の利点があることが確認できた。B行の上海市の駐在員事務所には、週に2回程度、国内の支店長クラスが出張で訪問し、取引先の中国現地工場の視察を行っている。また、浦西地域の長寧区虹橋エリアには日本人駐在員が多数生活している日本人街があり、こうした面も浦西地域の立地環境上の利点として認識されていることが分かった。

A行の上海支店は2000年頃に浦西地域から浦東新区へと立地移動したが、その背景には、浦東新区の陸家嘴エリアに国際金融センターを形成促進しようとする中国政府の金融施策があった。外資系銀行は人民元業務を行うことが禁止されてきたわけだが、浦東新区に立地する支店の場合には人民元業務が可能になるという政策的な立地誘導がなされたわけである。また、浦西地域から浦東

図表 7 － 2　上海市における邦銀 A 行の立地展開パターン

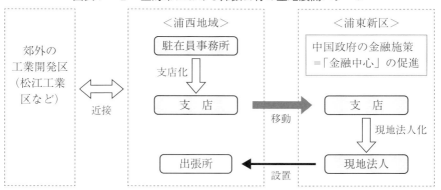

出所：インタビュー調査に基づき筆者作成。

新区へと立地移動する場合には、補助金の支給も行われたという事実もあった。

　その後、外資系銀行が人民元業務を行える地理的な制限は撤廃され、中国の諸地域の支店での人民元業務も可能になった。だが、外資系銀行の支店で人民元業務が許可されるためには、当該支店が開業後 3 年以上経っていることが条件となっていた。また、当該支店が 2 年以上黒字化していることも条件となっていたが、外貨業務だけで支店を黒字化させるのは決して容易なことではない。

　ただし、外資系銀行が支店を統括する現地法人を設立する場合は、その現地法人が人民元業務を許可されると、その下にある支店も人民元業務が行えることになっている。そのため、新規に支店を開設しても、開設時から人民元業務が行えることとなる。以上のことが、A 行など三大邦銀が現地法人（中国本店）を設立した背景にある。

　中国の諸地域のなかで、上海市に現地法人（中国本店）を立地する利点としては、上海市が国際金融センターであること、それがゆえに金融サービスに従事する人材を確保するのが他地域に比べて容易であることが挙げられる[7]。

---

(6)　現地法人の従業員数データは、みずほ銀行（みずほコーポレート銀行）と三菱東京 UFJ 銀行については2007年の開設時のデータで、各行のホームページ（ニュースリリース）による。三井住友銀行については『海外進出企業総覧』のデータ（2010年時点）による。

A行の現地法人は上海支店を現地法人化したものであるが、引き継ぎ案件のための過渡的措置で上海支店（日本本店の直轄）を存続させている。A行の現地法人（中国本店）は、中国諸地域の支店を管轄するとともに、近年、浦西地域の長寧区に出張所を設置している。A行の場合は、上海市の浦東新区（現地法人、支店）と浦西地域（出張所）の両方の場所に事業拠点を立地していると言える。

4　邦銀の中国立地展開の論理

　以上のように、1980年から2010年にかけての邦銀の中国への立地展開には、「始動期」、「拡張期」、「発展期」、「転換期」、「再編期」、「再発展期」といったダイナミックな段階的な変化が認識できる。邦銀の中国への立地展開は、主として中国政府の外資系銀行に対する規制緩和といった「制度的な立地環境上の変化」や、円高の進展のもとでの顧客である日本企業の中国進出といった「経済的な立地環境上の変化」に対応したものであると考えられる。また、バブル経済の崩壊による不良債権の発生や、その後の邦銀の合併・統合といった「立地主体である銀行自身の変化」によっても中国への立地展開は大きく左右されてきたと考えられる。

　近年においても邦銀の中国への立地展開は活発に行われており、2011年以降も再発展期が継続していると考えられる。2012年に三菱東京UFJ銀行の武漢支店や三井住友銀行の重慶支店が、2013年にみずほ銀行（みずほコーポレート銀行）の合肥支店（安徽省）がそれぞれ開設しており、こうした内陸部への立地展開の拡大も注目される。

　ところで、川本［1995］は多国籍銀行の理論を体系的に整理・検討しており、多国籍銀行は、海外に進出して拠点を設け、伝統的な国際銀行業（国内顧客のための貿易金融業務や外国為替取引業務）だけでなく、ホスト・カントリー・バンキング（進出先の金融制度のもとで様々な現地業務を展開）やユーロ・バンキング（規制や税制からの自由が保障された外貨取引市場で活動）といった

コラム3　日本企業の中国立地展開——沿海部地域と内陸部地域の立地環境を比較して

　本文中で述べたように、邦銀の主要顧客である日本企業は中国の沿海部地域に集中立地しており、労働コスト面では有利なはずの内陸部地域への立地展開は限られている。その理由は、原材料の調達や製品の出荷などのバリューチェーンの観点から説明することができる。

　日本企業の中国立地展開の初期においては、主要な原材料（基幹的な部品・部材など）を日本から輸入する場合が多かったため、沿海部地域に現地法人を設置したほうが原材料の調達物流上、有利であった。また、中国で生産された製品は現地販売だけでなく日本や第三国の市場で販売する場合が多かったため、沿海部地域に現地法人を設置したほうが製品の出荷物流上も有利であった。しかしながら、1990年代後半以降、中国における現地調達や現地販売は拡大してきており、上記の「初期条件」だけでは、なぜ日系中国現地法人の立地がその後も沿海部地域に集中し続けてきたのか説明できない。

　追加の理由として、日本企業がターゲットとする高所得の消費者（富裕層）が沿海部地域（特に大都市部）に集中していること、そして、日本企業の現地調達先である部品・部材メーカーや日本企業の中国での事業活動をサポートする事業所サービス業などが沿海部地域に集中立地していることが挙げられる。沿海部地域内でバリューチェーンが高密度に構築されてきたことが、この地域での日本企業の集中立地を決定づけたと言える。

　だが、日本企業が中間所得層を本格的にターゲットとすることに伴って、市場開拓の立地場所としての内陸部地域の役割が無視できなくなってきた。とはいえ、すべての内陸部地域へと立地展開が進んでいくことは考えにくい。

　事実、日本企業の内陸部地域への立地展開は、湖北省・武漢市や四川省・成都市など特定地域に集中する傾向がある。これらの地域は、国内物流上の有利性があり、地域の市場規模が大きく、取引企業や合弁パートナーなどの関連企業が集積しているなど、立地環境上の優位性を比較的もっている。なお、もしも内陸部地域の市場だけでなく沿海部地域の市場もカバーするような事業活動拠点を設置するのであるならば、湖北省・武漢市のような交通上の中枢に位置する揚子江中流地域が有力な候補地となると考えられる。一方、内陸部地域の局地的な市場をターゲットにするような事業活動拠点を設置するのであるならば、より内陸部でも四川省・成都市のような市場規模の大きい地域であれば有力な候補地となる。

各種の金融業務を包括的に行う事業体であると論じている[8]。また、ホスト・カントリー・バンキングについては、主として、銀行が国内顧客の海外進出を追い掛け（Follow）、現地にあってこの企業（多国籍企業）のために様々な銀行・金融業務を行うといったFollower説の観点から論じている[9]。

　邦銀の中国進出は、国際金融センターである上海市の支店や現地法人の場合はユーロ・バンキングの側面もあるが、基本的には、進出先である中国の金融制度のもとで顧客である日本企業に対して様々な現地業務を行うといったホスト・カントリー・バンキングの観点から把握できると考えられる。中国政府の外資系銀行に対する規制から、1990年代末頃まで邦銀の支店は人民元業務ができなかったわけだが、この時期までは、外貨業務のみでホスト・カントリー・バンキングを不完全ながら行っていたことになる。その後、邦銀の支店・現地法人での人民元業務が可能になり、顧客である日本企業の中国国内販売（および中国国内調達）の拡大を金融サービス面でサポートできるようになっている。

　以上のように、人民元業務の開始を契機にして、邦銀の中国でのホスト・カントリー・バンキングは質的に変化したと考えられる[10]。

　邦銀の支店は、顧客である日本企業が多数進出している沿海部の大都市（上海市、北京市、天津市、大連市、青島市、広州市、深圳市など）に立地しており、これはFollower説で説明できる。だが、近年、内陸部の武漢市や成都市、重慶市、合肥市にも支店が設置されている。これらの地域においては、日本企業の進出が増加する傾向にあるものの、決して進出数が多いとは言えない。『海外進出企業総覧』のデータ（2012年）では、日本企業の中国現地法人数は、上海市（2,112社）、北京市（402社）、天津市（263社）なのに対して、武漢市（57社）、成都市（44社）、重慶市（36社）、合肥市（21社）となっている。武漢市や成都市などの支店は、内陸部への事業展開を検討している日本企業の進出をサポートする役割もあり、顧客に対するFollowerというよりも、邦銀が顧客である日本企業をリードするLeaderの性格が強いと考えられる。

　なお、武漢市や成都市などの支店は、現地法人（中国本店）のもとに設置された支店であり、現地法人が人民元業務を一括して許可されているため開設時から人民元業務ができることとなっている。前述したように、支店ごとに人民

元業務の許可を申請する場合は2年以上の黒字化が条件となっており、先行して内陸部に立地する場合はリスクが大きくなる。このことから、現地法人（中国本店）の設置が、Leader 的な支店の立地を促進することになったと推測される。

　三大邦銀の場合は、上海市の現地法人（中国本店）を中心にして、中国の諸地域に支店網を展開させているため、これらの事業拠点間のネットワークを活用したホスト・カントリー・バンキングができる。こうしたネットワーク型のホスト・カントリー・バンキングは、顧客である日本企業が中国の諸地域に複数の事業拠点を立地している場合、特に有用となる。

　一方、その他の邦銀の場合は、少数の地域に駐在員事務所あるいは支店を設けているだけであるため、三大邦銀のような形でのホスト・カントリー・バンキングはできない。とはいえ、特定の地域に単独で立地した駐在員事務所や支店が、当該地域への事業展開を検討している日本企業に対して進出サポートを地域密着的に行うこともあり得る。なぜなら、営業活動（銀行業務）を行うことができない駐在員事務所であっても、現地の地域政府などとの人的ネットワークを活用しながら、立地環境上の情報を顧客企業に提供したり、現地への進出準備を手伝うことが十分に可能であるからだ。

　以上の考察から、邦銀の中国における事業拠点（駐在員事務所、支店、現地法人）のダイナミックな立地展開の特徴とその論理を明らかにすることが出来た。だが、邦銀と顧客企業である日本企業との関係から、日本企業の中国にお

---

(7)　この点は、A行の海外事業部（東京本店）で聞き取りをした（2010年12月）。
(8)　川本［1995］8～16ページ。
(9)　川本［1995］28～31ページ。なお、川本は、銀行が顧客である企業をリードする Leader の側面についても言及している。また、向［2001］は、日本的な多国籍銀行は、顧客として、親会社だけでなくその下請企業群（サポーティング・インダストリー）をも包括することでメインバンク・システムを維持していることを論じている。
(10)　中国での邦銀のホスト・カントリー・バンキングは、現時点では日本企業向けのホールセールスが中心であるが、今後、日本企業以外の企業向けのホールセールスが拡大していくことが予想される。

けるバリューチェーン構築についてはさらに掘り下げた検討を行う必要がある。また、邦銀の中国以外のアジアへの立地展開とバリューチェーン構築について検討することも重要であろう。これらの点は、今後の研究課題としたい。

［付記］本章は、鈴木［2011］［2012］をベースにして加筆・修正をしたものである。

参考文献一覧

・川本明人［1995］『多国籍銀行論』ミネルヴァ書房。
・鈴木洋太郎［2011］「日系銀行業の中国への立地展開についての一考察」『経営研究』（大阪市立大学）62(3)、17～37ページ。
・鈴木洋太郎［2012］「邦銀の中国拠点――立地展開のダイナミズム」『月刊 金融ジャーナル』53(9)92～95ページ。
・芳賀博文［1998］「戦後における本邦外国為替公認銀行の国際的立地展開」『経済地理学年報』44(2)24～42ページ。
・向　壽一［2001］『自動車の海外生産と多国籍銀行』ミネルヴァ書房。
・Fujita, M. and Ishigaki, K. [1986] "The Internationalization of Japanese Commercial Banking" In Taylor, M. and Thrift, N. eds., *Multinationals and the Restructuring of the World Economy: The Geography of Multinationals*, Croom Helm, pp.193-227.

おわりに

　本書では、市場志向を強める日本企業のアジア立地展開について考察してきたわけだが、読んでいただいてお分かりのように、産業分野や進出先国・地域によって状況は異なるものの、企業優位性につながるような「現地でのバリューチェーン構築」がアジア進出における成功の鍵になると考えられる。また、アジア地域の発展と並立しうる日本企業の真のグローバル化の道を探るためには、アジア諸国が抱える課題解決に向けた日本企業の役割を明らかにすることも重要となる。最後に、この点について述べてみることにする。

　アジア諸国においては所得水準の大幅な格差があり、2012年の一人当たりGDPで見ると、シンガポールの5万2,141ドルに対して、タイが5,775ドル、インドネシアが3,557ドル、ベトナムが1,716ドルとなっている。つまり、一人当たりGDPで、ベトナムはシンガポールの僅か3.3％、タイと比べても29.7％でしかない。また、世界第2位の経済規模になった中国においても、上海など沿海部地域と内陸部地域では経済格差が大きくなっている。

　アジアの新興国・地域（特に、ベトナムなどASEAN後発国や中国の内陸部地域）の経済成長が失速せず持続的に行われることが、アジアにおける経済格差を是正することにつながる。工業化を進めてきた新興国の経済成長が発展途上で失速してしまうことを「中進国の罠」と呼んでいるが、アジアの新興国・地域がこの罠を乗り越えられるかどうかが問題と言える。

　アジアの新興国・地域は、物流関連やエネルギー関連などのインフラが十分に整備されていないだけでなく、部品・部材生産などの裾野産業が未成熟である。アジアの新興国・地域には低賃金の労働力が確保しやすいといった立地環

境上の利点はあるものの、持続的な経済成長のためにはインフラの整備や裾野産業の育成が不可欠となる。

したがって、日本企業の役割として、日本のODAなどを活用しながらアジアの新興国・地域のインフラ整備に貢献することが挙げられる。また、アジアの新興国・地域の裾野産業の育成についても、日系のモノづくり中小企業が現地に進出することが役立つと考えられる。事実、日本政府も日系中小企業のアジア進出支援を拡大しつつあるし、日系工業団地などでのレンタル工場の設置も日系中小企業の進出を後押ししている。

もう一つ、アジアの新興国・地域のインフラ整備や裾野産業育成を進めていくうえでは、こうしたビジネス現場での人材育成も欠かせない。この場合、日本企業の役割として、日本と現地の産学官連携を通じた人材育成における貢献が重要となる。

ところで、アジア諸国は急激な工業化や都市化に伴って環境問題やエネルギー問題などに直面しているわけだが、こうした問題を早くから経験した日本の技術やノウハウの多くが課題解決に役立つはずである。そして、高齢化問題やヘルスケア問題などの他の課題解決においても日本の経験が活用される余地が大きいであろう。

アジアの課題解決のためには、バリューチェーンの川上から川下までの事業内容（ハードとソフトの両面）をシステム・パッケージとして提案することも重要であるが、国内外の政府・機関・経済団体などとも協力しつつ、日本式の長期的な取引関係・信頼関係を含んだ「安心・安全・信頼のバリューチェーン」を構築することが望ましい。

ただし、進出先国の地場企業や現地政府に対して、日本式の長期的な取引関係・信頼関係の良さを理解してもらえないと、アジアの課題解決のために役立つ日本企業の技術やノウハウも活かすことができない。なぜなら、日本企業は製品の品質やアフターサービスなどでは優れている点が多いのだが、メンテナンス・コストなども含めた「ライフサイクルコスト」が考慮されない単純なコスト競争・価格競争では、韓国企業などアジアNIES企業に国際入札で負けてしまう場合もあるからである。

大阪市や近畿経済産業局などがベトナム・ホーチミン市と連携しながら関西の環境関連企業のベトナム進出支援を行っており、課題解決型ビジネス展開の一つの成功モデルとなるか注目されている。

　日本・アジアの国際分業については、以前は各国の産業構造の高度化の違いを反映した、産業間分業といった単純な形での国際分業の進展が想定できた。これは、日本がアジアの産業発展の先発国として雁行形態型発展を牽引していた状況を示すものであり、日本はアジアの工業化を支える中間財（部品・部材・設備など）を供給する役割も担っていた。だが、雁行形態が崩れた現在、産業内分業といった精緻な形での国際分業の進展が必要とされており、こうした国際分業のなかで日本経済が持続的に発展するためには、中間財を供給する役割以上に、アジアの産業発展における「ハブ機能」を強化することが不可欠となる。そのためにも、上述のような、アジア諸国が抱える課題解決への日本企業（および日本政府）の貢献が重要であろう。

　なお、日本企業のアジアのバリューチェーンにおいては、進出先国内でのローカルなバリューチェーンのウエートが高まってきているものの、日本・アジア間およびアジア域内のグローバルなバリューチェーンも依然として重要である。そのため、TPPやRCEPなどの経済連携協定の動向も無視できない。

　東南アジア諸国は2015年末にAEC（ASEAN経済共同体）をスタートする予定であり、2015年以降、ベトナムなどASEAN後発国も域内での関税を撤廃することになる。自動車（四輪完成車）の関税についても、2018年からゼロになる予定となっている。懸念されるのは、ASEAN後発国は、前述のようにインフラが十分に整備されておらず、裾野産業が未成熟であるため、AECといった地域経済統合が進展するのに伴って国際貿易の赤字の拡大などによりASEAN後発国の経済成長が失速し、他の東南アジア諸国との経済格差がさらに拡大することである。ASEAN後発国の自動車産業についても、タイやインドネシアなどからの輸入品が流入することで、自国生産が頓挫する危険もあると考えられる。

　日本企業のアジアへの課題解決型ビジネス展開は、現地の低所得層をターゲットとしたBOP（ベース・オブ・ピラミッド）ビジネスなど様々な形が考え

られるが、日本企業がまずもって貢献すべきことは、アジアの新興国・地域のインフラ整備や裾野産業育成、急激な工業化や都市化に伴う諸問題の解決であろう。また、日本の外食・食品産業のアジア立地展開のように、生活面での安心・安全・信頼のバリューチェーンを構築することもアジア諸国に対して重要な貢献となろう。

日本企業立地先としてのアジアは多様でダイナミックに変化しており、アジアへの事業展開の舵取りは容易ではないが、本書での論考が日本企業のアジア進出戦略立案の参考になれば幸いである。

2015年1月

鈴木洋太郎

執筆者紹介 （執筆順）

鈴木洋太郎（すずき・ようたろう）「はじめに」、第1章、第7章、「おわりに」
奥付参照。

佐藤彰彦（さとう・あきひこ）第2章
1976年生まれ。大阪産業大学経営学部准教授。
大阪市立大学大学院経営学研究科グローバルビジネス専攻修了、博士（商学）。
専門分野は、産業立地論、多国籍企業論、国際経営論。主な研究テーマは「日本の繊維・アパレル企業のアジア地域における立地展開」、「日本の多国籍企業のアジア地域における立地プロセスと企業成長に関する研究」。
著書（共著）として、『多国籍企業の立地論』（原書房、2005年）がある。

桜井靖久（さくらい・やすひさ）第3章
1975年生まれ。公益財団法人尼崎地域産業活性化機構研究員。大阪市立大学大学院経営学研究科付属先端研究教育センター特別研究員。
大阪市立大学大学院経営学研究科グローバルビジネス専攻修了、博士（商学）。
専門分野は、産業立地論、多国籍企業論。主な研究テーマは「電機産業の国際的な立地行動と国内の立地行動との関連性」、「グローバル競争下における地域の活性化」。
著書（共著）として、多国籍企業の立地論』（原書房、2005年）がある。

藤川昇悟（ふじかわ・しょうご）第4章
1973年生まれ。阪南大学経済学部准教授。
九州大学大学院経済学研究科経済工学専攻、単取得退学。
専門分野は、産業集積論。主な研究テーマは「東アジアの自動車産業集積」。
主な論文として、「中国における民族系自動車メーカーの『寄生的』なサプライヤーシステム」『産業学会研究年報』29（2014年）、「韓国の自動車産業における閉鎖的なサプライヤーシステムは解消されたのか」『日本中小企業学会論集』30（2011年）などがある。

鍬塚賢太郎（くわつか・けんたろう）第5章
1972年年生まれ。龍谷大学経営学部准教授。
広島大学大学院文学研究科地理学専攻修了、博士（文学）。
専門分野は、経済地理学、経営立地論。
主な著書・訳書として、『現代インドにおける地方の発展』（共著、海青社、2014年）、『日本経済地理読本』（共著、東洋経済新報社、2014年）、『地図でみる世界の地域格差』（共訳、OECD編著、明石書店、2014年）、『現代インドを知るための60章』（共著、明石書店、2007年）などがある。

川端基夫（かわばた・もとお）第6章
1956年生まれ。関西学院大学商学部教授。
大阪市立大学大学院修了、博士（経済学）。
専門分野は、国際流通論、経営立地論、アジア市場論。
主な著書として、『立地ウォーズ（改定版）』（2013年）、『アジア市場を拓く』（2011年）、『日本企業の国際フランチャイジング』（2010年）、『アジア市場のコンテキスト』（東南アジア編2005年、東アジア編2006年）、『小売業の海外進出と戦略』（2000年）〈いずれも新評論刊〉などがある。

編著者紹介

鈴木洋太郎（すずき・ようたろう）
1960年生まれ。大阪市立大学大学院経営学研究科・商学部教授。一般財団法人アジア太平洋研究所（APIR）主席研究員。
九州大学大学院経済学研究科経済工学専攻修了、博士（経済学）。
専門分野は、産業立地論（国際産業立地研究）。主な研究テーマは「多国籍企業の立地展開と国際分業」、「グローバル化のなかでの関西・大阪の産業集積」、「日本企業立地先としてのアジア」。
主な著書として、『多国籍企業の立地と世界経済』（大明堂、1994年）、『産業立地のグローバル化』（大明堂、1999年）、『マネジメントの経済学――グローカル・ビジネスと経済社会』（ミネルヴァ書房、2003年）、『産業立地論［シリーズ21世紀の経済地理学］』（原書房、2009年）などがある。

日本企業のアジア・バリューチェーン戦略　　（検印廃止）

2015年3月10日　初版第1刷発行

編著者　鈴木洋太郎

発行者　武市一幸

発行所　株式会社　新評論

〒169-0051 東京都新宿区西早稲田3-16-28
http://www.shinhyoron.co.jp

TEL 03（3202）7391
FAX 03（3202）5832
振替 00160-1-113487

落丁・乱丁はお取り替えします。
定価はカバーに表示してあります。

印刷　フォレスト
装丁　山田英春
製本　松岳社

Ⓒ鈴木洋太郎ほか　2015年

Printed in Japan
ISBN978-4-7948-1002-1

JCOPY ＜(社)出版者著作権管理機構　委託出版物＞
本書の無断複写は著作権法上での例外を除き禁じられています。複写される場合は、そのつど事前に、(社)出版者著作権管理機構（電話 03-3513-6969、FAX 03-3513-6979、e-mail: info@jcopy.or.jp）の許諾を得てください。

新評論　好評既刊書

川端 基夫

改訂版　立地ウォーズ
企業・地域の成長戦略と「場所のチカラ」

激しさを増す企業・地域の立地戦略と攻防。そのダイナミズムに迫る名著が、最新の動向・戦略・事例を反映した待望の改訂版として再生！

[四六上製　288頁　2400円　ISBN978-4-7948-0933-9]

川端 基夫

アジア市場を拓く
小売国際化の100年と市場グローバル化

100年に及ぶ日本小売業の海外進出史。その苦闘の歴史から「アジア市場の真実」と「市場との正しい向き合い方」を探る。

[A5上製　344頁　2800円　ISBN978-4-7948-0884-4]

表示価格は本体価格（税抜）です。

新評論　好評既刊書

川端　基夫

アジア市場のコンテキスト
【東南アジア編】

グローバリゼーションの現場から

企業のグローバル化と対峙して多様な攻防を繰り広げる、アジアのローカル市場のダイナミズムを追う。

[四六上製　268頁　2200円　ISBN978-4-7948-0677-2]

川端　基夫

アジア市場のコンテキスト
【東アジア編】

受容のしくみと地域暗黙知

中国、韓国、台湾の消費市場のダイナミズムを現場の視点で解読し、グローバル化の真実を明らかにする。

[四六上製　312頁　2500円　ISBN4-7948-0697-3]

川端　基夫

日本企業の
国際フランチャイジング

新興市場戦略としての可能性と課題

少子高齢化・人口減少の中で急増する企業の海外市場開拓。グローバル時代の商法を初めて理論的・実証的に解明。

[A5上製　276頁　2500円　ISBN978-4-7948-0831-8]

表示価格は本体価格（税抜）です。

新評論　好評既刊書

ブレンダ・スターンクィスト/若林靖永・崔容薫他訳
変わる世界の小売業
ローカルからグローバルへ

国際市場の次の主役は「小売業」！世界各国の流通事情を詳細した、研究者・ビジネスマン必携の画期的入門書。

[A5並製　436頁　4500円　ISBN978-4-7948-0814-1]

向井　文雄
「重不況」の経済学
日本の新たな成長に向けて

「構造改革」と「新しい古典派」の呪縛から日本経済を解き放ち、長期停滞を脱却せよ！　需要の視点を加えた独創的・画期的成長論。

[四六並製　384頁　3000円　ISBN978-4-7948-0847-9]

川端　基夫
小売業の海外進出と戦略
国際立地の理論と実態

「アジア進出」を国際市場の文脈で捉える先駆的研究。50社以上、延べ100人の実務家からのヒアリングに基づく。

[A5上製　340頁　3800円　ISBN4-7948-0502-0]

表示価格は本体価格（税抜）です。